清华学霸

超级笔记

闻道清北◎编著

考入清华的数十位学霸倾囊相授
学习和成长秘籍

中国华侨出版社
北京

图书在版编目（CIP）数据

　　清华学霸超级笔记 / 闻道清北编著. -- 北京：中国华侨出版社，2020.11

　　ISBN 978-7-5113-8320-4

　　Ⅰ.①清… Ⅱ.①闻… Ⅲ.①高中生—学习方法 ②高考—经验 Ⅳ.① G632.46 ② G632.474

　　中国版本图书馆 CIP 数据核字（2020）第 181345 号

清华学霸超级笔记

编　　著 / 闻道清北
责任编辑 / 高文喆　桑梦娟
装帧设计 / 八度出版服务机构
监　　制 / 秦莉瑶
经　　销 / 新华书店
开　　本 / 685mm×960mm　1/16　印张：15　字数：180千字
印　　刷 / 三河市人民印务有限公司
版　　次 / 2020年11月第1版　2020年11月第1次印刷
书　　号 / ISBN 978-7-5113-8320-4
定　　价 / 49.80元

中国华侨出版社　北京市朝阳区西坝河东里77号楼底商5号　邮编：100028
发行电话 18610159925　　　传　　真：（010）64439708
网　　址 www.oveaschin.com　　E-m a i l：oveaschin@sina.com

如果发现印装质量问题，影响阅读，请与印刷厂联系调换。

编委会

致读者的一封信

亲爱的你：

  不论你是埋头苦读的学子，还是期盼孩子有美好未来的家长，是否都有这样的困惑：为学习缺乏动力、没有效率，始终找不到属于自己（或孩子）的高效学习方法而苦恼；因为（孩子）自我管理能力差、不会合理规划时间，每天挑灯熬夜也不见成绩提高；与父母（或孩子）的沟通总是问题频出，矛盾越发尖锐；学习成绩平平的自己（或孩子）怎样才能考取不错的成绩……

  如果你还天真地认为，学习只要抱着认真听讲、勤奋努力、疯狂刷题、认真补课这种"尽人事听天命"的态度，甚至认为学习成绩好纯粹是天赋的话，那就大错特错了。

  清华大学和北京大学的同学们用两年的时间做了一项调查研究，并且深入讨论了这些问题，得出的结论是成绩优异、考入名校绝非天赋！其实，学霸也不过是莘莘学子中的一员，都是一步步克服学习中的困难、翻越学习过程中遇到的一座座考验大山成长起来，最终考上名校、圆梦成功的。

  2018年，清华和北大的同学们达成共识、强强联手成立了闻道清北团队，聚焦学习与家庭教育的研究，致力于将考入清华和北大的学子们的高效学习方法、应试技巧等经验分享给有需要的人，给正在备受这些问题困扰的你以明灯，指引你到达彼岸。

  他们通过回忆自己的高考心路历程，给处于迷茫期的你（或孩子）以信心；通过分享自己的高效学习日常，给学习效率低下的你（或孩子）树立榜样；通过总结自己的学习方法与技巧，给苦学无果的你（或孩子）以方向；通过分享父母与自己的互动，让你知道原来良好的家庭教育在备战高考过程中也是不可或缺的。

本书由四部分组成：

　　第一部分是逆袭成功篇，聚焦清华学子的独特逆袭之路——遇到了什么困难，遭遇的挫折是什么，为何曾经一度挫败但最终成功考上了清华……

　　第二部分是学习效率篇，聚焦学习效率的提升——通过分享自己的时间管理、学业规划、课余时间利用的诀窍，带你走进高效学习的乐园。

　　第三部分是学科突破篇，聚焦学科的学习方法和应试技巧——不同学科学习方法虽有相似但不尽相同。清华学子分享各科学习的独门秘籍，总有一款适合你。

　　第四部分是家庭教育篇，聚集父母的作用发挥——清华学子分享他们与父母相处的点点滴滴，让你认识到其实良好的家庭环境直接作用于学习效果，通过他们的分享，你可以很好地避开雷区，创造属于自己的良好环境。

　　文中的每字每句都取材于清华学子真实的成长经历。他们在考入清华前也不过是高考备考大军中的一员，同样面临着人生目标的思考、学科短板的限制、学习技巧的误区、成绩平台期的调整……他们之所以能够脱颖而出、超越同侪，是因为他们在面对这一个个困难时，不退缩、不胆怯，寻找一切办法去一一克服，由此突破自己、快速成长，最终圆梦。

　　希望在你合上这本书的一刹那，同样也收获满满！

闻道清北团队

2020 年 6 月 1 日

清北学霸寄语

伍廉荣

没有人可以轻轻松松超越自己和超越别人,拿疲惫和辛苦当借口只会让你输在起跑线上.

于思瑶

一个人的意志力量不够推动他自己,他就失败,谁最能推动自己,谁就最先取得成功.

王宇

我们无法预测将来的自己会成为怎样的人,唯一能做的就是把握现在不留遗憾!

何思远

将课本上的概念和公式吃透,加上有针对性地训练,在脑海中构建起知识的场景,考试时就会更加得心应手.

陆泉宇

或许你现在正面对迷茫、困顿、失望,但请坚持下去,一直走下去,请相信,阳光,终究会出来.

王诗语

提高学习效率需要养成良好的课堂学习习惯.提高学习兴趣,学会时间管理,回顾记忆知识点.

杨子悦

没有谁是天生的天才——至少在高中阶段，努力一定是一把通向成功的钥匙。

将馨雨

从稚嫩迈向成熟，就是要学会摆脱原本的他律，走向真正的自律在自律的推动下去追寻自己的目标与梦想。

喻圣豪

不断改进自己的学习方法，坚持初心，坦然面对学习中的坎坷，坚信自己的努力不会白费。

白思雨

无论你现在处于什么样的位次，都要坚定信心，不懈努力，最终都会实现自己的梦想的。

李昊

能决定我未来命运的，只有我自己，任何的自暴自弃都是不可取的。

清北学霸寄语

石雨婷

平安喜乐的日子不难有，关键在于不要为你做出的任何选择而感到后悔。

崔浩博

没有任何事情可以一蹴而就，没有学过之后的落寞和持之以恒的积累，知识不过是过眼云烟。

孙 超

正确地看待竞争，处理失落与不协调的心境，采取高效有利的方式，去追求特合自己能力与兴趣的那条通向梦想的道路。

孙陈亦

厚积而薄发，滴水而穿石，一旦养成良好的学习习惯，其力量无穷已。

刘 茗

你有多努力，就有多幸运。

刘丝雨

学习是苦中有甜的，在刷题的过程中，开始可能有些无趣，但是量变最终会产生质变。

王 辰

学习不仅要讲求勤奋，而且更应讲究方法，高效率学习一定是科学的学习方法的产物。

黄宁婧

认真对待每一次刷题，将这个积累的过程当做打怪的过程，最后高考统来，你回过头来发现，已经通关了。

宋娜萍

试着为自己找一些爱上学习的理由吧，只有从内心接受它，才能有所提升。

张 蓉

学习往往是枯燥且漫长的过程，我们一定会遇上瓶颈期，但是不能够放弃，要时刻铭记自己的目标，也要想想为了这个目标我们要付出什么。

邱梓晟

在紧张的学习之余，千万不要忘记保留一颗达观的心，相信那句"All is well"，幸运女神将永远眷顾自信乐观之人。

梳理小说情节

1) 按时间线索 《好望角》按老人一生时间历程组织情节
2) 场景的变化一定是情节发展的节点。《木笛》中考场到广场的变化
3) 视情节对文章的主旨、对表现人物性格的作用保留情节《巴尔塔萨的一个奇特的下午》情节繁多，视情况决定是否保留
4) 倒叙、插叙、补叙的情节不作调整，暗示的情节不作明示《药》中只概括小栓家买药、吃药、谈药的情节，不明示暗线
5) 新人物的出场推进情节发展《最后一片常春藤叶》中主人公贝尔曼中途出场，有了画树叶支持琼菲活下去的情节

(二) 情节的作用

1) 情节和其他情节的关系：埋下伏笔、设置悬念、线索、铺垫、照应、推动情节发展、使情节更加曲折、与其它情节对比或衬托《侯银匠》中开篇写侯菊操持家务的情节，为下文出嫁及成为精明的管家作铺垫。
2) 情节与环境的关系：使环境更具典型性，突出、衬托、交代人物活动的环境《巴尔塔萨的一个奇特的下午》对酒吧情节的描写，使人人跟风、围观的小市民阶层社会环境更加典型
3) 情节与人物形象的关系：塑造、表现、更加丰满《鞋》中守明羞涩送鞋的情节使她内敛、含蓄、隐忍的传统形象更加丰满
4) 情节与主题的关系：揭示主题、深化主题、丰富主题《审丑》中文末与爸爸的对话深化了人性真善美的主题
情节与读者感受的关系：设置悬念、引人入胜、吸引读者注意、引起阅读兴趣、引发读者思考《数学家的爱情》才才才

的安排技巧

视角——人称的选取
1) 第一人称使文章真实可信《古渡头》以"我"的经历展开叙述
2) 第三人称使叙事客观方便《六指猴》的全知视角

材料的组织方式
1) 线索 情节和情节之间的勾连，可以是人物、事物、事件、情感、时间、空间
　①线索是什么《马兰花》明线马兰花借钱，暗线麻家还钱
　②线索的作用《想象》以想象为线索，将臆测中得的各种病象联展开情节
2) 记叙顺序 顺叙、倒叙、插叙、补叙《泪为谁流》运用倒叙，深化情感表达效果

结构上的其他技巧
1) 悬念——吸引读者阅读欲望
　①悬念设置的方法

人物形象分析

方法：1) 人物……中……
2) 从……下……
3) 人物……陆……
4) 从……断……

要点：1) 不……
2) 不要……
3) 注意……
4) 不要……
5) 不要……

情节

人

小说

a. 倒叙法（将故事的高潮引发阅读欲望）《祝福》死提到开篇，为死因发……
b. ……不符合逻辑的、会引……《林教头风雪山神庙》……
c. 误会和错位
d. 删减、隐藏、含蓄……
② 悬念的作用（更多强调……
　a. 吸引读者，引起阅读……
　b. 使文章情节跌宕起伏
　c. 为下文作铺垫、埋伏笔……
　d. 强调主题，留下想象……
2) 伏笔《 》情湛技艺为侯姐出场埋……
3) 欧·亨利式结尾《演员……
4. 表达方式
1) 记叙《马裤先生》通……
2) 抒情《古渡头》"结……过湖；刮风，落雨，我得……
3) 议论《平凡的世界》重……

的细节(肖像、语言、行为) 《山谷》

的组分体现他的野性原始美

值的展示 《巴尔塔萨的一个奇特的

吾吾与妻子的矛盾、和客人的矛盾

的环境 《血的故事》中台湾和大

时代背景和社会环境

功的烛映、评价、总结 《红楼梦》小

见"日眼·盆火，睹里一把刀"

文性烛结为关性；

了直接总结为性格特征；

的情意意向；

里活动总结为性格；

一个层面．

次要人物的作用

(1) 推动情节发展《最后一片常春藤叶》琼珊推动了整个故事的发展

(2) 深化主题《马裤先生》对受指使的茶房的描写深化了做人不要颐指气使、自私自利的主题

(3) 对主要人物形成正衬或反衬《孕妇和牛》中的牛既正衬孕妇将为人母母性的伟大又反衬出作为人类的孕妇对知识文化的渴求

环境描写的作用

(1) 从环境本身：渲染气氛《永远的蝴蝶》爱情悲剧

(2) 交代故事发生的时间地 环境描写点明了湘西这

(3) 暗示社会环境《祝福 描写暗示了封建礼教吃

(4) 从情节角度
　① 推动情节发展《林 庙》"那雪下得正紧"
　② 为下文情节作铺垫、开篇的环境描写
　③ 作为情节的时空线

(5) 从人物角度
　① 介绍人物身份地位 丹演奏家身份的暗示
　② 揭示人物心理，烘托 楼梦》中红梅暗示 心向红尘的性格
　③ 暗示人物命运 暗示祥林嫂之死

(6) 深化主旨，暗示主旨 环境表达对野性美

环境

主题

阅读
思维导图

小说主题探究

(1) 关注主人公 尤其是结局 《祝福》祥林嫂之死揭示 了封建礼教吃人的主题

(2) 关注故事的背景和作者的生活背景《十二点的列车》写于埃及社会动乱，人们渴望理想彼岸的环境下

(3) 关注作家风格，尤其是熟悉的作家和创作风格成熟的作家—鲁迅、沈从文、汪曾祺

(4) 关注地域特色 北方作家多写宏大的时代主题，南方作家偏重刻画人物细腻的内心活动

探究题答题思路

(1) 亮观点，先亮出自己对所探究问题的观点，做到观点明确，并具有探究意味；

(2) 扣文本，从文本中找出证明观点的依据，采用述评结合"的方法；

(3) 巧联系，联系所学历史故事、历史人物、现实案例、现实人物和自我等例子佐证自己的观点；

(4) 作结论，结论述作—小结，将文本依据和联系的例子所证明的观点加以强调，或加以引申．

探究题答题方法

1. 从人物、情节、环境入手，节发展、情节结构的关系和与塑造人物形象的关系；三 描写的意义；四看命题点 义和作用；

2. 正确认识小说的特性

(1) 分析人物形象是否合于 把小说人物形象特征与 中的此类人物联系起来

(2) 分析人物形象是否具有 性．先概括作品中人 再谈这一形象是生活中

(3) 分析人物形象是否具有

(4) 分析小说情节、细节、 实性：源于生活高于生

(5) 分析情节设计是否合

暴露问题

忙乱与混沌 从高二结束的暑假到高三开学，六门学科同时开始复习，在信息轰炸面前，我选择终日埋头于各式各样的资料中

↓

自以为牢牢掌握的基础知识变得模糊而陌生，而老师对知识掌握精度与深度的要求越来越高

↓

考试失利 警醒我开始反思

↓

所谓的"时间不够用"，其实就是对自我时间的规划不足，需要真正立足于自身实际情况）

把握时
才能把握

终有收获

(一) 学习效率个

(二) 心态的改变

收获不仅仅体现在
这对于高三学生无
压缩琐事时间，有
→ 便我可以利用
高三刚开始:
手忙脚乱，迷茫
中发挥不利，打击

尝试改变

(一) 给自己买一个日程计划本

以日为记录单位，附加每周总活板块、每日打卡方格和
每月日历，其设计的写字空间能满足每日所准备学习事
项的记录需求

↓

① 每天早上在计划本上列学习任务，随时补充；

② 每周总结后，固定事项提前在下一周每天区域写好；

③ 完成每项后打勾。

(二) 提高做事速度和效率

明确了有多少事情要完成，对自己的时间抓得更紧，
不把时间浪费在无关的事情上。

↓

前期可能不适应，但可以大家共同努力

习效率提高、学习内容增多，同样也体现在我的学习心态上。

是非常重要的。

地提高自己的效率

单片时间大大增加

开始时间规划后：

→ 能意识到自己的问题，避免将大量时间精力
花在焦虑上，保持平稳心态

在考试

态

目 录

01 【逆袭成功篇】

02 【学习效率篇】

04 【家庭教育篇】

01

逆袭成功篇

逆境

是前进的阻力

更是造就强者的动力

一个人

如果不逼自己一把

就根本不知道自己有多优秀

在逆境面前

放弃

也许只需一个念头

然而可能要用一生去懊悔

只有敢于逆袭

不折不挠

才能爆发出最强的反弹力

冲上云霄

从200多名到年级第一的逆袭，这样做你也可以

杨子悦

高考总分：681

毕业于陕西省西安高新第一中学

就读于清华大学经济管理学院

如何成功逆袭？

夯实基础、攻克弱科 → 勤能补拙、优质刷题 → 制定目标、分秒必争

6月24日中午12点，高考成绩查询入口开放了。我那颤抖的手指在键盘上嗒嗒地敲出自己的个人信息，闭上眼，按下回车键，深呼吸，半睁半闭地看到681分的总成绩。这个结果既欢喜，又在意料之中，欢喜的是我取得了文科全省第三的好成绩，意料之中的是与我所估算的680分相差无几。回想我的高中三年，从年级中游到最终高考时的文科

全校最高分，可谓一次逆袭之路。

　　高三之前，我和大多数人一样，也是学校里默默无闻的普通人。每天认真学习、好好听课，成绩也总是保持在中等水平；哪一次发挥好了，可能前进几十名，得到老师和家长的赞扬；哪一次发挥不好，可能落后一些，总结得失之后，争取下次的进步。和我一样学习状态的同学有很多，我们的成绩相对稳定，难以突破瓶颈、取得很大的进步。又或者我们发现自己可能是学习方法出了问题，但又找不出具体的问题出在哪里，难以对症下药。如果你也和我一样有这样的问题，那下面的经验一定对你有所帮助。

基础阶段：别让弱科成为拦路虎

　　每个人都有自己的强科和弱科，在学习上我们自然不能故步自封，企图以强科来弥补弱科。要知道，弱项往往是阻拦我们取得进步的绊脚石。要想全面进步，必须把弱科这块硬骨头啃下来，齐头并进。

　　作为一名典型的文科生，我的弱项一直以来都是数学。从初中开始就饱受数学困扰的我，进入高中以后，更是感到难以适应。高一的数学老师水平很高，在教学上不太适合我这种基础薄弱的小白（菜鸟）选手，因此我在高一时的数学成绩一直很差，甚至有一半的时间都不及格。与数学相似，自己对历史也是一知半解，总感觉那些年份、人名、战役、重大改革的名字都能存在脑子里，但就是形不成完整的脉络逻辑，成绩也只能是一瓶不满半瓶晃荡，根本无法提高。每次成绩下来，语文、地理等强科总是能取得可喜的成绩，但弱科总比别人差很多，把整个成绩拉低。这让我备感困扰。

因此我意识到，只有突破数学和历史这两门弱科，才能让我每次考试不必用强势学科来弥补弱科，才能不会总是处于一个平淡无奇的中间水平。我要克服的，就是面对弱科时的畏惧、缺少合适学习方法从而不愿面对的心态以及对自己的极度不自信。

克服弱科是一个任重道远的艰难过程。对于弱科，我们往往心里有清楚的认知——它之所以为弱科，就是因为自己付出了和其他科同等的努力却没有获得同等的回报，因此让我们感到挫败，从而不愿意面对它，更害怕去学它。我也是如此，这种心态是难以避免的，强行让自己爱上弱科也确实不必，只要我们调整好心态，积极面对它，就足够了。

最简单易行的办法就是给它分配更多的时间。既然我们在弱科上难以取得突破，那我们就用更多的时间去对待它。如果数学太难，我就多花点时间做题、纠错，多看看当天课上讲的东西。如果老师讲的内容太复杂，上课有点像吃夹生饭，回家之后就一定要再仔细研读笔记。我记得我的数学老师曾经说过："你们学文科的同学，就是笔记做得漂亮，花花绿绿的，但是知识不进脑子，再漂亮也没用。"其实我觉得笔记记得漂亮不算坏事——笔记做得认真，也有助于自己回家后再复习巩固。

此外，还要善用"抓大放小"的思维。这是我的独家心得——如果数学满分150分，我只能拿90分，那我就要先找到能帮我大幅提分的部分：如果用两个小时突破压轴题的最后一问，我可以多拿10分；而用一个小时夯实某些基础知识，我可以多拿30分，那我当然要选择学基础部分，也就是提分最快的部分。分提上来之后，我们继续找自己的薄弱之处，再在薄弱区里选择提分最快的部分。这样不断"夹逼"，我们的最后一个目标也就是攻克压轴题了。就是用了这个方法，我迅速把成绩提上来了。

夺实基础、攻克弱科是一个漫长且痛苦的过程。在学习数学、历史这些弱科的过程中，我无数次感到挫败、无助，甚至想要放弃，但在一次次地试图放弃之后，还是不得不继续拾起来接着"啃"。我记得，学到高三的五月份，我曾开玩笑地跟妈妈说："我上了大学，一定要报一个不学数学的专业。"最后，不能说我有多喜欢这些学科，但是至少它们不再成为阻碍我进步的"拦路虎"和"绊脚石"。

爬升阶段：享受刷题的成就感

曾经的我也和大多数文科生一样不喜欢做题。大部分文科生说到刷题，第一反应都是：文科还需要刷题？文科只要好好背一背知识点就可以了，题是刷不完的。但我觉得学习方法因人而异，有人喜欢背知识点，有人喜欢做题，只要选对适合自己的、最有效率的学习方法就可以。之前的我不喜欢做题，是因为做题确实很累，并且一旦做题就一定会有错题，有了错题就会有挫败感，而一旦不想纠错，那就失去了做题意义。

尽管做题很累很苦，但我心里还是很清楚：高考最终还是以做题的形式来考查知识点的，因此多做题一定没有坏处。所以我需要让自己热爱做题、积极做题，不然知识只能停留在理论层面，不能应用于实践。

对于做题，我觉得首先要建立良好的心态，就是让自己觉得做题是一件很有成就感的事情。尽管刷题的题量不一定和成绩成正比，但是多刷题一定会给自己带来一种充实的感觉。我就是在一次次刷题的实践中找到了成就感。我的刷题速度稍稍快于普通同学，当然这可能和我自己纠错速度快、"战略放弃"一些难题有关。高二，我会对某些科目做一些针对性的训练，比如文科综合的选择题是一个难点，那就多刷文综的选择题；如果语文的诗歌鉴赏比较薄弱，我就会多做诗歌鉴赏的题目。

在高三上学期，我们可以试着做一些整套的习题。虽然刚开始做可能有点压力，还不太能适应完全按照高考的设计组成的一整套试卷，但这是一个必须经历的过程。早点开始，也能早点适应，在高考中也能更加得心应手。在高三的第一学期，我每天除完成正常的课程复习、预习和作业，会做一套数学和一套英语的模拟卷。在高三第二学期，我会每天做一套数学和一套文综。因为文综的题量大，需要的做题和纠错时间更多，所以比较适合具备一定的做题经验之后再来刷。

做题必然很辛苦。特别是在文科班里，身边的大部分同学都没有养成"题海战术"的思维，所以一个人刷题会显得有些孤独。但只要肯踏踏实实去做，认认真真积累，一天、一周、一个月下来，看看自己刷的一张张卷子、一本本复习笔记，绝对超级有成就感和满足感！

其次，做有质量的题能让人感到亲切和满足。何谓"有质量"的题？最有质量的题当然是高考真题；但是历年高考题就只有那么几套，如果早早刷完了，之后就没什么高质量的题可做了。我的建议是把高考真题留到最后做——这也是各科老师给我们的忠告。我自己是在高考前的五月底买了历年的各科全国卷高考真题，做了大概一周的时间。在自己已经有了足够的基础之后，再用高考真题来做最后的检验，是再好不过的了。那么除了高考真题，还要做一些与高考真题契合度高的题目，例如，高考命题组出的模拟题；参与过高考命题的老师出的题；参与过高考命题的老师推荐的题；大家口口相传的、与真题有些相似的好题。做这些题，能让我们逐渐形成高考命题人的思维，也就是大家常说的"揣摩圣意"。如果我们大量做一些与高考偏差很大的题目，那有时候就会陷入自我满足、自我麻痹的状态——有时候可能在暂时的一次月考或者模拟考试中能取得进步，但是这一定是一个危险的信号。

我清晰地记得，在我刚上高三的时候，有一个清华的学姐曾经说过这样一句话："我们经常说，高考就是尽人事、听天命。但是，你们现在大多数人做的题的数量，远远还没有到需要'听天命'的阶段。"这句话使我备受鼓舞。就这样，在大量刷高质量习题的"题海战术"下，我逐渐积累了各个学科的做题经验和方法，答题速度也有了飞快的提升，在考场上无论碰到什么类型的题，都能保证临危不乱，以最冷静的思维拿最多的分数。

冲刺阶段：瞄准目标，分秒必争

制定目标，是每个高中生必须经历的过程，也是每个老师一定会要求学生们做的事情。在我上高中的时候，有的同学会把目标大学写在桌子上，或者写在纸条上，把它摆在最醒目的位置，或者在跑步的时候像电影里那样高喊"我要上清华""我要上北大"之类。而我却有些不好意思把自己心里想的东西展现出来，而且最初的我也不敢制定太高远的目标。

缺少目标，就会缺少奋斗的方向。我自己心里清楚，我最害怕的是有了目标，自己的水平却与目标相差甚远，最终导致希望越大、失望越大。因此，我需要努力克服自己的畏难心理，让自己朝着目标努力，哪怕最终没有达到，也可以不留遗憾了。

在我被分到文科班的时候，我的成绩也只是一个中上游的水平。那时候，清北这种顶尖学府我还不敢去想，只是在心里默默地把中国人民大学作为一个努力的方向。加上我本身对社科、商科方向比较感兴趣，所以我觉得如果能考上人大，就已经是烧高香了。再后来，我在一次一次考试的磨炼中，觉得人大的目标太高，所以又把目标转到了南京大学——南大的优势学科也和我的兴趣相契合，又似乎比较切实可行。

就这样，进入高三的我，是以南大为目标的。但是，一旦有了这样不算太高的目标，就很容易产生一种惰性思维：既然考到班里前十几名就可以上南大，那我就不需要再努力去争前五名、前三名了。很快，我意识到了这种思想的危险性，于是决定还是应当拥有一个更高远的目标，哪怕看起来遥不可及，但它也能激励我奋斗下去。

在参加了清华的暑期学校和一些清华先修课之后，我开始默默地把清华作为我努力的方向。不得不说，清华暑校的那一周时间，给了我很深的触动。我突然发现原来顶尖学府的生活是如此丰富多彩；那既然如今一切还未下定论，我为什么不能努力一把呢？我记得在一次跟朋友的聊天中我抱怨过："全省每年裸分上清华的文科生也就三个，要考清华实在太难了。"我的那个朋友反问我："那你为什么就不能是那三个人其中一个呢？"我受到了很大的激励，并朝着清华的目标开始努力。

以清华为目标，我开始珍惜每一分每一秒，让每一次的作业、听课都起到最大效用。最终，我的进步也是大家有目共睹的。可以说，制定合理的目标，是我们日夜奋斗、刻苦学习的不竭动力。

我的高中学习阶段，是从年级中游到高考时文科全校第一的一个"逆袭"过程。在这段经历里，我总结出的三个最重要的点就是：攻克弱科、勤于刷题、追寻目标。没有谁是天才，至少在高中阶段，努力一定是一把通向成功的钥匙。因此，一定要踏实、勤勉，带着年轻的满腔热血，交上一份不后悔的答卷。

从200多名到年级第一的逆袭，这样做你也可以

- 克服弱科
  - 分配更多的时间，例如数学要多花点时间纠错、做题
  - 善用"抓大放小"的思维，找到能大幅提分的部分

- 基础阶段：别让弱科成为拦路虎
  - 数学：初中开始就饱受困扰，高一成绩很差，甚至有一半的时间都不及格
  - 历史：常常一知半解，总感觉年份、人名、战役、重大改革的名字能存在脑子里，但就是不能形成完整的脉络逻辑

虽然累，但我明白：高考最终还是以做题的形式来考查知识点的，因此多做题肯定没有坏处

- 爬升阶段：享受刷题的成就感
  - 首先要建立良好的心态 —— 高考真题、与高考真题契合度高的题目
  - 做有质量的题能让人感到亲切和满足 —— 让自己觉得做题是一件很有成就感的事

- 冲刺阶段：瞄准目标，分秒必争
  - 制定目标 —— 在参加了清华的暑期学校和清华先修课后，我将清华作为我努力的方向
  - 珍惜每分每秒，让每一次的作业、听课都能起到最大效用

9

学霸阅读笔记

阅读打卡

新的收获

小　结

笑对挫折，无畏前行
——终得看到彼岸花开

牛丽颖

高考总分：**684**

毕业于河南省太康县第一高级中学

就读于清华大学法学院

> 坚定梦想，有梦就去追；
> 磕磕绊绊，调整心态再出发。
>
> 努力　→　坚持　→　成功

　　时间如白驹过隙，忽然而逝。转眼间，我已在清华园里徜徉一年有余。"景昃鸣禽集，水木湛清华"，始终庆幸自己的选择，庆幸自己能够来到清华感受广阔的世界。此刻坐在电脑前，回首十多年的学习历程，当时的苦涩已经慢慢褪去，只留下了淡然的心境和无尽的回忆……

梦想，是否遥不可及

　　我出生在河南省的一个小县城。河南省人口众多，因而也造成了巨大的高考压力。我们县城有100多万人，每年考上清华北大的人不过是个位数，真可谓"千军万马过独木桥"。那时，"清华"于我而言是遥不可及的字眼，我也从未将自己与清华联系在一起过。小学的时候，我和其他孩子一样爱玩爱闹，成绩只能用"尚可"来形容，这种状态一直持续到了初二。那时，由于贪玩加上课业难度增加，我的成绩一落千丈，最终擦边进入初三重点班。初三之前，由于教育资源紧张，我所在的班级人数都是100多人。由于班级人数过多，老师管理不过来，难免会有忽视。但是进入初三以后，班里的人数缩减至不到90人，并且配备了十分优秀的老师，他们对我初三成绩的提升也起着至关重要的作用。

　　直到现在，我仍然记得班主任与我们逐一谈话时流露的真挚感情。记得英语老师每天早来半小时，监督我们背英语。还记得其他各科老师的认真负责、勤勤恳恳。我知道，他们付出的一切都只是为了我们在中考时取得好的成绩。在任课老师的帮助下，我的学习逐渐走上了正轨。但是使我成绩提升的更重要的因素，我认为是目标的确立。初三的时候，有感于竞争压力陡然增加，我意识到如果我的成绩再这样普普通通，我就没有办法被县里唯一的重点高中录取，我的人生走向将不可知，这倍增的压力却也给我带来了十足的动力。于是我暗暗下定决心，一定要取得重点高中的录取资格。确定目标后，我开始抓紧时间，无论是课上还是课下都不松懈。就这样，我的成绩稳步提升，最终在中考时取得了中学第一名、全县前十名的好成绩，顺利进入了一高重点班。

迷茫之中，我该何去何从

在进入一高重点班的欣喜之余，我却开始迷茫起来：在"高手云集"的重点班里，我将处于一个怎样的位置？到了一个同学平均水平更高的环境中，仅靠抓紧时间已经不能取得优势，那么我该怎样调整学习方式？除了迷茫，新的学习生活又打了我个措手不及：在学校第一次考试中，我的成绩落到了全校70多名，数学更是只考了70多分；学习时间骤然拉长，精力上也有些吃不消……那时的压抑和迷惘如同浓稠的夜色让我的生活变得黯淡。

进入高一后，班主任让我们在笔记本扉页写下自己的理想大学，我却只留下了一片空白。我认为要上就上最好的大学，但以我当时的成绩，这个追求恐怕也只是痴人说梦。那时我如同在无垠的大海中漫无目的地漂泊，却也别无选择，只能硬着头皮继续航行。我想，既然未来不确定，不如先放眼当下，把握现在。于是我制订了详细的学习计划，每天早上5:40到班里开锁开灯，下课时除非很困，否则也在学习，放学铃声响起时一路小跑到食堂解决午饭后再跑回来，唯恐浪费一点时间。鲁迅先生说"时间像海绵里的水"，可以说，我把能挤出来的时间全部都用在了学习上，但令人失望的是，我的成绩依然原地踏步。这种情况持续了一学期，那时我每天都在告诉自己，努力不一定成功，但不努力一定不会成功。凭借着这种阿Q般的精神，我一直保持着努力的姿态。在这里我想提醒大家的是，不要认为你的付出得不到回报，因为你不付出，可能连现在的状态都达不到。把该做好的做好，问心无愧，剩下的就不是我们要关心的事了。

　　第二学期，文理分科开始了，出于兴趣，我坚定地选择了文科。我的父母不像其他家长一样，给我灌输理科好、就业出路广的概念，而是支持我自己的选择。就这样，我成了一名文科生。

　　令人颇感意外的是，分科后第一次考试，我考了全校第二，<u>持之以恒的努力并没有白费，在量的积累达到一定程度后终于实现了一次质变</u>。这次考试让我信心大增，加上寒假期间清华的学长来校作报告给我留下深刻的印象，清华梦在我心中悄然滋长。那时我逐渐从迷茫中走出来，看到了新的方向。

面对低谷，如何调整自我

　　高二是我高中又一个低谷期，我的名次止步于班级中上游，数学成绩在90分上下徘徊，这个成绩连中国人民大学都很危险，我的清华梦又开始变得模糊。面对这样的情况，我一遍又一遍地安慰自己，无论上什么大学，只要你愿意，未来都不会太差。我开始松懈，没有再像高一那样无论寒冬酷暑都早早起床，我吃饭的时间越来越长，我一点一点地向后移动着座位，甚至在老师讲课时不断地思绪纷飞。就这样，我浑浑噩噩地度过了高二，成绩也在高二期末考试中降到了最低点。

　　高二暑假，父母带我去了北京。骑着自行车在清华校园里穿梭，一种亲切感扑面而来，让我觉得我本应是清华的一分子。看着学长学姐走在路上，那样昂扬的姿态、充满活力的青春，让我十分羡慕。回校后，清华梦在我心中已经深深扎根了。高三最"黑暗"的日子里，清华如同夜空中最亮的星，指引着我前行。高中，尤其是高三，面对师长的期盼、同龄人的竞争、未知的前途，高考这一命运的转折点，我想没有几个人可以做到心如止水；频繁的考试，起伏不定的成绩，揪动着每一个学子的心；我们每个人心中都有一团火，路过的人只看到烟，看着自己的排名又想想自己心仪的大学，谁都会不甘心。十年饮冰，难凉热血，即便如此，我也从未放弃过。在这里我想说的是，良好的心态非常重要。

　　高三一年，我面临的大小考试至少有30场，如果因为考试成绩不理想就自暴自弃，那我们几乎每天都要生活在沉沦之中。于是我将各种考试仅仅当作对学习过程的检验，对于错误，我会回归课本和日常学习，检查是哪些部分出现疏漏。此外，我尽量将成绩和排名看淡，以降低心态的起伏。毕竟平常的成绩并不能决定什么，最后一次才能定胜负。有时候也会看不清未来，觉得自己付出这么多也不一定能够得到回报，于是我就会找一些关于高考、关于励志的书籍来鼓励自己。父母对我的理解也是我保持良好心态的重要外在因素，他们从不要求我考到多少分、考上哪一所大学，也不会主动过问我的学习。相反，他们很愿意耐心倾听我的烦恼和困惑，默默地陪伴我。记得在冬天最冷的那一段时间，我因为体质弱一直在生病，头疼难忍，我的父母就十分开明地帮我请假，让我在家里休息调养。我的高三因为有了父母作后盾而更加有底气。

　　高三，可以说是我成绩真正实现质变的一年，在这里我想分享自己具体的学习方法，希望能给学弟学妹们一些借鉴。

　　一个人知道自己为什么而活，就可以忍受任何一种生活。最重要的一点是明确自己的目标。高三的我不再首鼠两端，将自己的目标定为清华之后我便不再考虑学校的问题，我不在乎自己考上的可能性有多大，仅仅是作为激励自己的目标，然后朝着这个目标一门心思向前行。

时间上，我将自己每天起床、睡觉、吃饭、各门课程学习的时间精确到分钟，而对于自己的薄弱环节就多分配一些时间。

学习上，我一直跟着老师的步伐稳步复习，老师们都有着丰富的教学实践经验，我相信按照他们的程序会比自己第一次摸索来得更加科学和高效。同时，由于老师的复习计划具有普适性而缺少针对性，因此我也针对自己的优势和劣势制订了一些小计划。比如我数学较差，于是就每个中午固定用40分钟的时间写一套数学小题，再用剩余时间来订正。这样坚持了一段时间，我明显感觉到自己小题的错误率降低了很多，做题速度和时间意识也有了一定程度的提高。关于文综我也有些建议，就是除了多背还要多写。比如政治，是在脱离课本情况下列出大框架再补充知识点。比如历史，我将历史书前后总结两遍，先是整理了一遍分类史，又对照课本自己整理了一遍通史，主要就是将课本上的内容用更明了的框架罗列出来，如此不仅有助于更有条理地记忆，也能够对大题的答题思路有所帮助。地理可能让许多学习文科的同学感觉脑壳疼，但近年来的地理越来越文科化，所以跟前两者一样，重在基础，所谓基础就是课本了。还要多记忆模板，在快高考的那几个月我几乎把每一道地理大题的答案都背了下来，高考时的确帮了我不少忙。还有就是我觉得在基础打好的前提下，所有学科分数都是可以通过"题海战术"来巩固提高的。

从县城到清华：坚持与努力助我成功

如果问我，考上清华的最重要的因素是什么，我想回答的不是具体的学习经验，不是多么丰厚的学习资源，而是一种学习态度。学习经验，各位老师都已经讲了许多，每个学霸的也都大同小异，关键是，它是否适合你。你是否将这些方法贯彻到自己的学习中？学习资源，如果你面临的是高考而非竞赛或者自招，那么外在的资源其实远不如你强大的内心更有实际的效果。在我眼中，最重要的是学习态度，良好的学习态度，说起来容易可坚持下来绝非易事。在面对成绩的起伏时，能够做到淡然如水；在面对挫败感时，仍然不会放弃而是继续坚持；在取得一定的成功时，戒骄戒躁，不停止努力的步伐。总而言之，只要拥有了坚持不懈的努力，我相信无论是高考还是其他事情，都一样可以成功。

现在回首高考的岁月，当时的心境现在的我已经不能完全体会了，这种感觉只有身在其中才能彻底懂得。都说不经历过高考的人生不完整，我想是这样吧！回想起高三的自己，冷冷清清，风风火火，不浪费时间，目标明确，计划紧凑，每天都知道自己要干什么，心里也明确自己想要什么。这样的生活或许有些枯燥，但是当我接到清华的录取通知书的那一刻，那些曾经有过的所有的不满情绪都已化成了尘埃，随风飘去了。

不少人对高考颇有微词，但我想说，感谢高考，感谢它磨炼我的意志，感谢它让我成长，感谢它为我开辟了一条通往广阔世界的路，让我能够走出小县城，去清华看更大的世界！文章最后，想要送给学弟学妹们两句话，第一句是"没有不可治愈的伤痛，没有不能结束的沉沦，所有失去的，会以另一种方式归来"。第二句是"活着，就要活到祖胸露背迎接万剑攒头，犹能举头对苍天一笑的境地"。愿你们始终怀揣热情，始终拥有信心，始终无畏困难，始终笑对挫折！我在清华等你来！

梦想，是否遥不可及
- 我出生在河南省的一个小县城，"清华"于我是遥不可及的字眼
- 初三在任课老师的帮助下，我的学习逐渐走上了正轨
- 确定目标后，我开始抓紧时间，无论课上、课下都不松懈
- 中考取得中学第一名、全县前十名的好成绩，顺利进入了一高中点班

迷茫之中，我该何去何从
- 成绩下降，学习时间骤然拉长
- 把该做好的事做好，问心无愧

面对低谷，如何调整自我
- 高二低谷期，名次止步班级中上游
- 高二暑假清华体验，定下目标
- 高三：大小考试30多场，将各种考试仅仅当作对学习过程的检验，对于错误，我会尽量回归课本和日常学习，检查哪些部分出现疏漏

具体方法：
- 明确自己的目标
- 时间安排精确到分钟，薄弱环节多分配时间
- 跟着老师的步伐稳步复习

从县城到清华，坚持与努力助我成功
- 考上清华最重要的因素不是具体的学习经验、丰富的学习资源，而是一种学习态度

去清华看更大的世界

笑对挫折，无限前行——终得看到彼岸花开

学霸阅读笔记

阅读打卡

新的收获

小　结

从数学不及格到清华
——我的逆袭之路

王奇琦

高考总分：702

毕业于浙江省宁波市镇海中学

就读于清华大学社科学院

> 脚踏实地，一步一个脚印，我的数学逆袭之路就从直面自身痛点开始，永不言弃。

怎么都提不上去的数学成绩，让我无助、绝望

从小，数学就一直是我最头疼的学科。一方面，纷繁复杂的公式和需要掌握解题技巧的题型让我应接不暇；另一方面，我身边的人似乎都认为，女生数学不好是正常的。这个错误的认知曾一度是我为自己成绩

提不上去开脱的理由。被灌输了"女生学不好数学"的错误思想，导致我对自己缺乏信心，总是认为自己相较男生而言在数学方面处于劣势，成绩不理想也是正常的。

不久，我便和大多数同学一样被父母要求上数学补习班，被要求进行"题海战术"。但我内心仍然对自己满是怀疑和否定，所以收效甚微，顶多不过是让我保持现有水平罢了。当时的我相当不情愿去上这些课，每次做题我都烦躁不安，再加之所得到的结果也不尽如人意，导致我无法在学习数学的过程中得到正面的反馈，反而加深了我对数学的恐惧，谈数学而色变，也更让我觉得，我作为一个女生，是学不好数学的。

数学作为我的痛点，在高一时给了我最大的伤害。我记得，在初升高的暑假，我为了能够让自己适应高中的数学学习，参加了适应性的补习班，并且认真完成了每次作业，也得到了补课老师的肯定。就当我感觉自己能够重拾信心时，高一的前几次数学考试成绩就给了我毁灭性的打击——连续三次考试，成绩都在及格线徘徊。接连的失败使我无比沮丧，甚至绝望，对自己的能力充满了怀疑。连老师都对我说："下一次考试成绩出来，我不想再看到你来办公室了（当时70分以下的同学都要去跟老师反思）。"无助、绝望、不知所措笼罩着我，让我觉得我的未来无比灰暗……

痛定思痛后找办法，我的数学成绩明显提高了

痛定思痛之后，我意识到自己其实并不清楚问题到底出在哪里，

只是简单地归因于"我学不好数学"。于是我扪心自问：我真的学不好吗？女生就一定学不好吗？班上数学成绩优秀的女生不也是大有人在？我突然意识到，自己对"女生学不好数学"这个偏见盲目地深信不疑，任由它摆布，而没有考虑过其他因素，没有想过这个论点本身的正确与否。长时间以来我都默许了他人对我能力的定义，却未曾想过自己去探索自身的可能性。于是，我决定拼一把，准备了一本错题本，想用它来帮助自己思考问题所在。像很多人一样，刚开始的时候我觉得错题本既麻烦又无用。的确，誊写题目和重写解题过程需要花费额外的时间，如果没有用对方法很容易事倍功半。如何正确利用错题本，是我在一次偶然的机会中发现的。那一天老师布置的作业格外多，在完成后，我整理错题的时间所剩无几了，于是我就只摘抄了错题。第二天，在我补写解题过程时，我突然发现重新做一遍题目远比单纯抄写要有意义，这样还能看看自己究竟有没有掌握做错的题。实践证明，之前机械地誊写没有丝毫作用，我已经记不清前一天老师才讲过的那些解题过程了，这说明单纯的摘抄是不会使你掌握缺失的知识点的。整理错题本绝对不是一个体力活，而是需要头脑参与的脑力劳动。因而，在那之后我不再机械地整理错题，而是在前一天先把题目都抄下来，然后第二天再做一遍，做完之后再跟老师讲的解题过程仔细核对，发现自己的不足，最后画上终点标记。每周末我也会对一周以来整理的错题进行反思和回顾，把还是无法独立正确做对的题目标注出来。如此往复，我能够在一遍又一遍的回顾之中巩固我学到的方法，并且筛选出我最薄弱的环节，这让我对自己的弱点和短板有了更清晰的认识。功夫不负有心人，一个月的努力，就让我在下一次的数学考试中取得了良好的成绩。

老师的鼓励、同学间的交流，让我爱上了数学

真正使我改变对数学学习态度的，是分班之后我遇到的数学老师，是他的鼓励和支持，让我成功逆袭，数学成绩直线提升。高一升高二，我选择了文科班。文科的数学相对来说套路固定，比较简单，但非常考验学生的细致程度，然而做到细致并不是一朝一夕就能实现的，因而能够稳定得到高分依旧不是一件容易的事情。我很感激我遇到了一位对我给予充分肯定和支持的数学老师。我已经忘记他是怎么注意到并不起眼的我了，或许是他在上第一节课时点名让同学到黑板前答题，正好点到了我，我的解题方法和速度令他印象深刻——那道题恰好考查的是我在整理错题时不断巩固的知识点，因而我十分轻松地就解出来了，但大部分同学没有得到答案。他毫不吝啬自己的夸奖，并且在那次之后，他经常喊我上去做题，并且跟全班同学说我是班级里数学能力数一数二的。这种肯定和鼓励，在我之前的学习生涯中是从未出现过的，从未有人说过我数学能力强，从未有数学老师注意到并赞赏我。或许是受到了鼓舞，也或许是不想辜负老师对我的期望，在那之后我学习数学的热情更加高涨，逐渐体会到其中的乐趣，不再是单纯为了分数而学习。

做事情，人的动机是十分重要的，缺乏足够的动力是很难长时间坚持一项任务的。在我单纯为了分数而学习的时候，我经常会觉得自己坚持不下去了，会觉得枯燥无味，无法确定自己的所作所为究竟有没有意义。然而，在我的老师赋予我学习的热情与动力之后，我开始觉得解决数学问题，一路过关斩将，是一件无比快乐的事情。我开始主动搜集学习材料，在完成日常作业之余进行额外的做题训练。老师对我所做的努力也及时给予了肯定，这也使我更加热情高昂。当我用完一整本错题本

的时候，我捧着那厚重的本子，上面记满了我的思考，那种感觉是无以言喻的，就像捧着自己浇灌长成的果子一样，充满了自豪感和满足感。那些做完的习题册、完成的试卷集，同样也带给了我这种丰收的感觉。日复一日地刷题并没有让我觉得枯燥，反而让我有一种辛勤耕耘之后收获的喜悦。这种感觉在我之前的数学学习中是从未有过的，我不再惧怕数学，不再认为自己天生就学不好数学，而是对它充满了热情和信心，一步一步踏实地往前进。

当然，一个人的力量永远是有限的，在利用做题以及错题整理发现自己的不足和缺陷之后，更重要的是要寻找针对性的解决方法。"不识庐山真面目，只缘身在此山中"，有时候我们会被自己的视角局限，无法看清自己前进的方向，这时他人客观的反馈和建议就格外重要。不要犹豫是否应该寻找他人的帮助，求助是让自己成长的快速通道，完全不用感到羞耻或惭愧。充分利用好身边的资源来提升自己，是完成自我转型以及提升的重要方法。勤学好问，这两个词永远是连在一起的，勤学的同时也要好问，否则就容易成为无用功，或钻进了牛角尖出不来。受到数学老师的鼓励，我经常在晚自习时抱着我的错题本和习题集跑到他的办公室，向他请教自己不懂的地方。同时，我也会经常和同学们讨论题目以及学习方法，这种交流对于学习是极为有益的。我的老师说过，教别人做题事实上是学习最有效率的途径。确实如此，在教别人的过程中，你需要对自己的思路进行梳理，使它变得更加清晰，这样别人才能够听懂，如此一来也会加深你对知识点的理解。同时，在交流过程中，你也会发现自己的一些思路存在误区，或者不够有效，这也无疑能够提高你的学习效率。那时，我特别享受晚自习的时光，因为在课间能够和同学们自由讨论学习上遇到的困难和问题，在欢乐之中不但能够舒缓自己的压力，还能够互相借鉴，彼此学习，这难道不是一件好事吗？

极差的考试心态，再次将我打回低谷

在那之后，我的数学成绩突飞猛进，跻身年级前列。然而，有成功就会有失败，在高考前的几个月，曾经困扰我的那些绝望感和无助感再一次回到了我身上。一切都从一次联考开始，那一次我发挥失常，成绩掉到了班级后20%。这对于成绩长期都处于班级前列的我来说无疑是一次巨大的打击，它使我再一次对自己的能力充满了怀疑。我深深记得在我得知公布成绩后，我由最初的错愕，到之后崩溃大哭，那一天还恰好拍了毕业照，所以每看一次毕业照就会想起那时的绝望。老师也注意到了我的沮丧，把我从教室叫到了操场，跟我散步谈心。他告诉我，偶尔一次的失败并不代表什么，只是高处不胜寒罢了，我需要努力改善的，是我的应考心态。我很感激他的鼓励，决定重拾勇气，调整心态。但是，失败的阴霾并没有像我预期的那样迅速消散，而是一直阴魂不散。尽管我在平常的试卷练习中进行了限时训练，好让自己适应考试紧张的氛围，得到的成绩也十分优秀且稳定，但到了真正的考场上，我还是会控制不住地心慌，一次又一次地发挥失常。从一次巨大的失败中走出来本就不是一件容易的事，更何况是接踵而至的失败呢？那段时间对我来说黑暗无比，高考就在眼前，然而我失去了自己最好的状态，就像飞鸟被折断了翅膀，要怎样飞向自己的梦想呢？

父母的支持与理解，让我涅槃重生

事实证明，当外面的世界变得残酷，变得好像容不下你时，家永远会是那个温暖的港湾。我连续一段时间都是沮丧着脸回家，一回家就把自己关在房间里刷题，我的父母意识到我可能遭遇了低谷。他们没有强迫我说出自己的失败和沮丧，而是在一次晚饭时，淡淡地说了一句："最近你很忙的样子，记得放松一下。"就是这么一句简简单单的话，让我觉得仿佛卸下了身上的重负，因为我听到的不再是"你要好好努力""你要赶紧恢复实力"，而是"你该休息一下了"。在那一刻我意识到，再优质的发条，绷得太紧也是会断的，因而适时的休息和放松也十分重要。没有舒缓，又怎来的调节呢？于是我深吸一口气，把自己近日来遇到的所有挫折一一倾诉。在说出来的那一刻，我已经感觉轻松多了。我的父母并没有表现出忧虑，而只是告诉我这是十分正常的临考现象，不必过多在意，只要继续脚踏实地地走好我的路就可以。在这之前，每一次遇到挫折，我都会不断地进行反思，思考自己失败的原因，殊不知这种方法的确能够帮助我找到弱点，但在无形之中一次次回忆失败也增加了我心理上的压抑。有时候，我们就是需要放下，需要跟过去的不美好说再见，转身迎接阳光灿烂的明天。

在放下失败，调整心态重新出发后，我发现过去努力积攒的那些技巧和方法，从未离我而去，它们只是被我的焦虑掩盖了而已。经过高中三年的不断努力和高考前的心态调整，我从一个在及格线徘徊的垂头丧气的数学后进生，成为一个经历过风雨见到彩虹，在高考的独木桥上战胜千军万马的清华学子。

回首往事，我很幸运能够遇到一位支持我、鼓励我的老师和理解我的父母，但我更感激的是，我始终没有放弃自己。逆袭永远不会是一蹴而就的，那些一夜成名的故事终究只是童话而已，真正的逆袭永远都像卧薪尝胆一样，充满了痛苦和挣扎，但也会有收获和满足，以及最终见到彩虹的欣喜若狂。无论旁人对你的定义如何，只要你没有放弃自己，

==一切都还有希望。==面对失败自怨自艾是无用的，应该思考自己的错误，针对性弥补，并且注意适时调整心态，永不言弃，相信每一个学弟学妹都能够逆风翻盘！

每次做题都烦躁不安，加深了我对数学的恐惧　←　恶性循环

被父母要求上补习班，进行"题海战术"　内心让对自己满是怀疑和否定

对自己缺乏信心，总认为自己在数学方面处于劣势

怎么都提不上去的数学成绩，让我无助、绝望
- 纷繁复杂的公式、题型让我应接不暇
- 女生学不好数学的误区

痛定思痛后找办法，我的数学成绩明显提高了　错题本
- 重新做题远比单纯抄写要有意义
- 周末，对一周以来的错题进行反思、回顾

老师的鼓励、同学间的交流，让我爱上了数学　数学老师的鼓励与肯定，让我的热情更加高涨
- 主动搜集学习材料
- 进行额外的做题训练

有时我们会被自己的视角局限，这时他人客观的反馈和建议就格外重要

极差的考试心态，再次将我打回低谷　一次联考发挥失常，掉到班级后20%

父母的支持与理解，让我涅槃重生　父母让我"休息一下"，我意识到再优质的发条，绷得太紧也会断
- 调整心态，重新出发
- 永不言弃，逆风翻盘

从数学不及格到清华——我的逆袭之路

学霸阅读笔记

阅读打卡

新的收获

小 结

唯有自我放弃，
才是无解的命题

眭龙萱

高考总分：414

毕业于江苏省丹阳高级中学

就读于清华大学数学系

> 从初中到高中，挫折从来不是我字典里的陌生字眼，但每一次挫折的出现，我都能在短时间内找到适合的破解方法。无论何种困境，只要不自我放弃，终将走向胜利的彼岸。

第一次产生不自信的念头

初二的暑假，每一个同学都在紧张激烈地准备着市里重点高中面向初二升初三学生的一次提前招生。成功了，不仅意味着你可以比其他同龄的孩子提早进入高中（还是市里最好的高中）学习，而且意味着你成为市里最优秀的那前150名学生中的一员。无可厚非，这次提前招生对每一个参与者来说意义都是重大的，于我也不例外。

可是，当一张张提招考模拟试卷发下来，一次次面对几乎一题也不会写的无助，一天天看着日历上考试的日子慢慢逼近，我的心开始感到从未有过的慌乱。每个与卷子苦苦斗争的夜晚，我都问自己：你现在的水平真的够格去参加提招考试吗？曾经我的回答是那么的坚决，可是，在这一张张试卷面前，我开始犹疑，我真的不确定了，甚至在某个瞬间，我觉得大概我的能力就到这为止了吧。

现在回想，那大概是我那么多年学习生涯中，第一次对自己那么不自信。

先说这次提招考试的结果吧。结果是我顺利考上了。在这中间，我想我必须感谢一个人，她就是我的好朋友。倒不是说她在我低谷的那十几天里给了我多少开导，相反，她甚至没有对我做出任何鼓励性的行为，但是，她实实在在地一点一点带我重新找回了自信的自己。

她虽然和我不是同班，但是也是参加提招考试的一员，我们每天一起上考前补习班、一起放学回家、一起讨论问题……就在我连连受挫、准备自暴自弃的时候，她每天依旧以积极的状态与我谈笑风生。每天的放学路上，我听不到她对试卷太难的叹息声，耳边充斥的满是她对于一天中发生的有趣点滴的嬉笑声。她的状态，仿佛自己面对的不是一场考试，而仅仅是一次游戏。

某一天，我好奇地问她，为什么她从来不为即将到来的考试而烦恼，她只是愣了一下，便又像个没事人一样反问我：一次考试而已，实力在哪儿到考试来临那天总会见分晓，现在烦恼又有什么用呢？

是啊，我已经拿到了这场考试的入场券，我也尽力完成每一次的辅导试卷，那么成败都只有交给时间来揭晓，现在有什么可焦虑的呢？

我想，面对一次对于自己而言很重要的考试，紧张是每个人不可避免的情绪，更进一步的，如果在考试前屡屡遭受失败，不自信也是难免的，可是我们要知道，你的实力是日积月累一点点攒出来的，它不会因为一次考试的失利或得利而起伏不定。既然如此，我们唯有放平心态，等待时间来检验它。不自信不可怕，可怕的是沉溺其中，让本该属于你的机会白白溜走。

用最原始的方式征服让我绝望的学科

通过提招考后的学习，难度和强度都显著提升，再加上身边的同学都曾经是各个学校的尖子生，不可避免地要在众多尖子生中分出高下。

初三刚开始，就新增了一门化学课。全新的课程，在暑假也没有进行任何课前预习，导致刚开始几堂课我完全处于摸不着头脑的状态，每次作业都是靠着同桌的解答才得以完成。要知道，在初中，自己也是班级里学习数一数二的学生，从来都只有别人向我问题，几乎不存在我向别人请教题目的情况。可是，刚增设的化学课在一瞬间击溃了我的心理防线，我开始质疑自己学习新知识的能力，为什么别人都能轻而易举完成的东西我却接受不了。某个课间，我诚恳地问了我的同桌为什么她这几节化学课学得如此轻松，可我到现在也没有理清楚化学这门课究竟在研究什么东西。我的同桌很惊讶地问我："你暑假的时候没有提前补课吗？"说实话，听到这个问题我有点惊讶，原来选拔到这所学校的这些优秀的学生很多都会在暑假利用休息时间去提前预习下学期的课程的。对比一暑假都沉浸在考上提招的喜悦中，连作业都是胡乱完成的我，一下子羞愧难当。

我想，每个人在学习的过程中，都或多或少有过发现自己输在起跑线上的经历吧。

在我刚到这所高中时，这样的感觉几乎每一天都会加深一次，每一门课总会有那么些同学在小学、初中就比自己多学了许多内容、多下了很多功夫。

刚开始，我会怨天尤人，我总是在不切实际地幻想自己如果之前就下了同等多的功夫，现在也不致学得如此吃力。可是，接连几天的怨天尤人之后，一件大事（对当时的我来说确实是大事）的发生，让我一下子清醒了过来。

那是班里组织的第一次化学考试。那一天的晚自习是化学老师坐班，考试卷子已经全部批改完，老师说："现在把卷子发下来给大家自己对照一下，这次卷子比较基础，大家考得都还不错。"紧接着，老师开始让课代表分发卷子。我本来想佯装镇定地继续写自己的作业，可是我发现自己拿笔的手已经开始微微颤抖，说实话，自己对化学这门课是真的没有信心，学了这么久，脑海中还完全是一团糨糊。课代表将所有的卷子发完了，可是我仍然没有等到我的卷子，我当下隐隐担心了起来：难道真的是考得太差卷子被扣下了？

所谓怕什么来什么，老师拿着寥寥几张卷子，一张一张地亲自将它们送到每一个人手里，果不其然，那就是班级倒数几名的卷子，其中就有我。老师把卷子递给我的时候，只说了一句话："学得不好，还要多下功夫。"

只有一句话，可是胜过所有批评，一下子压垮了我。那是我人生第一次坐上班级倒数的位置，也是我永远不能忘记的一次。在此之前，我一直像一只把头埋在土里的鸵鸟，纵使外面危险万千，可是仍然麻木地告诉自己只要看不见，一切的危险都能当作不存在。可是，这一张试卷一下子把我的脑袋从土里拉了出来，告诉我，危险就近在咫尺，你不愿意看，也得看！

是啊，我已经输在了起跑线上，可是那又能怎么样，我没有大雄的叮当猫，我不能穿越回到几个月前去补上我落下的一切。此时此刻，发令枪已经打响，比赛已经开始，即使我再怎么想要退出都只能等到比赛结束被迫宣告失败才能结束这场竞技。

既然无法逃避，不如就从这一刻开始面对。

生活不是游戏，你没有权力暂停，没有权力重玩，你只有闷头向前，因为只有这样你才不会输得那么难看。

我要感谢那张试卷，给了我清醒。

那天晚上，我便拉着妈妈去书店买了两本化学教辅资料。我以前从没接触过这门学科，也不知道以什么方式来学习这门学科，那我就以最笨的、最原始的方式来开始这门课的学习。

从那一晚起，我开始从第一本教辅资料的第一页抄到第二本教辅资料的最后一页，或许听起来非常盲目和无趣，但是任何事情，坚持下来，都会收获意想不到的结果。

在之后的化学考试中，我的成绩稳定在班级前五名，并在下半学期被班主任钦点为化学课代表。

曾经让我头疼，让我绝望的学科，最终被我用最原始的方式征服了。

这个过程听起来或许很平淡，可是只有真正在坚持的人才知道，这中间有太多次的绝望、太多次的想放弃、太多次的质疑自己的方法是否有效，可是再多的犹疑，都敌不过坚持的力量、时间的力量。

每当因为输在起跑线或是课程不合意而迷茫绝望的时候，请迅速地从怨天尤人中清醒过来，从即时即刻起，开始以自己的方式去尝试改变这种困境，只要你能够坚持，时间一定会给你不差的回报。

全盘崩溃，再度自我怀疑

高一分班后，我理所当然选择了理科，因为从小到大文科实在是太薄弱了。可似乎是上帝和我作对，分班后的数学考试，一次差过一次，大考屡屡低于平均分，小考甚至徘徊于班级倒数。原班主任、现班主任、原数学老师、现数学老师，接二连三找我谈心，问我是不是最近状态不好，问我是不是不适应新班级……面对他们的发问，我无言以对。

每天晚上，躺在床上，我都问自己我究竟怎么了，可是什么也问不出来，生活的方方面面都没有出现问题，可是成绩像止不住般一落千丈。

当成绩的下滑不受到自己的控制，我不可避免地又开始怀疑自己，难道我真实的水平就是这个样子？莫非我曾经的成绩都是侥幸所得？莫非我的实力其实配不上这个班级？

无助、迷茫、压抑像是乌云向我涌来……

可是我越是迷茫、越是怀疑自己，成绩就越是不受控制地下滑。于是，我选择请假，用一个晚自习的时间我希望自己冷静冷静，好好想想接下来该做些什么……

那天晚上，父母和我聊了很多，甚至打电话给我的好朋友让她来开导我，几乎所有人都告诉我同样的一句话："别给自己压力，无论你做成什么样，你在我们心中都是最棒的。"

我开始回想自己的每一次考试状态，是的，自从知道了自己成绩下滑，我便止不住地在每次考前都紧张兮兮，每次遇到题目都迟疑地不敢下笔，生怕自己又在某个细节上出了差错导致全盘皆失，或许我该像他们说的一样，给自己减减负。

经过一个晚上的冷静，我开始尝试找回自己的节奏，虽然过程起起伏伏，但是最终总算稳稳当当地回到了原来的水平。

就这样恍恍惚惚地，高一高二过去了。

永不言弃才是正解

凡是经历过高考的学生都知道，高三的强压对于一个人几乎是触及灵魂似的考验。

而我，也算是在这考验中历经磨难了。

从高三最初的领先，到逐渐落后，在这关键的高三，无疑是致命的打击。

高考前的最后一次模考大概是我这辈子都不会忘记的。老师说："这次考试会相对简单，为的是给大家提升自信。"可是，世事大概就是这么弄人，最后一次模考恰恰是我整个高三的低谷：英语接近班级倒数，语文一如既往地倒数，数学也只是与平均分持平。在距离高考只有半个月的时候，在这样的大型考试中，出现优势学科发挥不出来、弱势学科几近低谷的现象，无疑是让人崩溃的。

可是，半个月，多么短的时间，我还能做什么？

所幸，这次我冷静得非常快，我迅速选择以语文作为最后阶段的主要突破点，相应地对数学英语只分配基础时间。

最后的高考成绩证明，我的选择是正确的，高考语文我以130分位列班级第三名，这与我曾经连平均分都到不了相比，无疑是巨大的提升。

也许时间很紧、任务很重，可是一味地慌乱又能改变得了什么呢？

越是这种时候，越是只有靠自己保持冷静，在最短的时间找到最佳的方案，唯有此，才有可能让自己走向最好的结局。

在漫漫学习生涯中，谁不曾迷茫？谁不曾绝望？谁不曾在时间的压迫中崩溃？可是多少人选择了沉沦，选择自甘被时间打败……更可笑的是，基于此而失败的他们总喜欢将这失败归因于外在世界。但是，想要冲破平庸的我们，唯有在这样的逆境下保持冷静的头脑，寻求这困境的最优解，才有机会在芸芸众生中脱颖而出，成为令人敬仰的佼佼者。

没有困境是无解的命题，唯有自我放弃才是无解的。

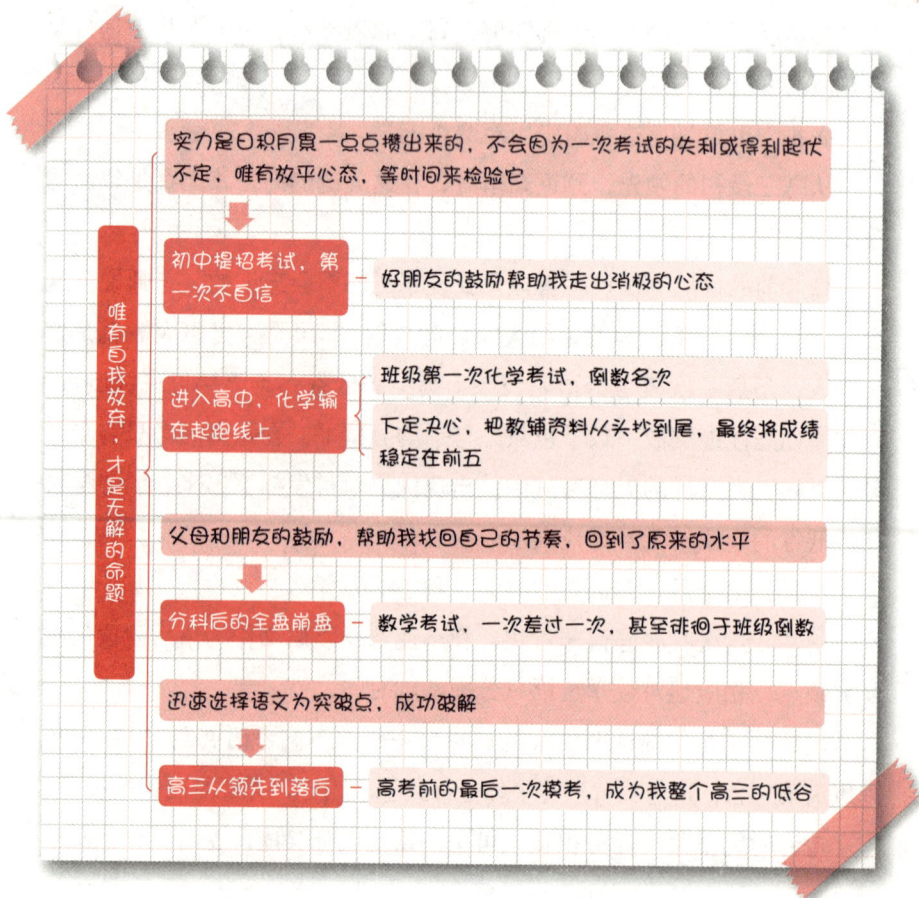

唯有自我放弃，才是无解的命题

实力是日积月累一点点攒出来的，不会因为一次考试的失利或得利起伏不定，唯有放平心态，等时间来检验它

初中提招考试，第一次不自信 —— 好朋友的鼓励帮助我走出消极的心态

进入高中，化学输在起跑线上 —— 班级第一次化学考试，倒数名次 / 下定决心，把教辅资料从头抄到尾，最终将成绩稳定在前五

父母和朋友的鼓励，帮助我找回自己的节奏，回到了原来的水平

分科后的全盘崩盘 —— 数学考试，一次差过一次，甚至徘徊于班级倒数

迅速选择语文为突破点，成功破解

高三从领先到落后 —— 高考前的最后一次模考，成为我整个高三的低谷

学霸阅读笔记

阅读打卡

新的收获

小　结

班级倒数第一也能上清华？
——我做到了，你也可以

邱梓晟

高考总分：**644**

毕业于江西省南康中学

就读于清华大学社科学院

> 关键词之我的逆袭——制订计划、掌握考试方法，All is well。

如果要用一个词来描述我在进入高中之前的学习成绩，那这个词一定是"不温不火"。从小到大，我的成绩一直还算不错，但也不算突出，只能勉勉强强地保持在第一梯队的末流水平。这种尴尬的学习成绩在中考时体现得尤为明显，那年，我以低于中考状元30多分的成绩考入高中实验班，成了班里的最后一名。但经过高中三年，尤其是高三上半学期的努力，我终于在高考前的几个月里成绩突飞猛进，屡次夺得年级第一的好名次，并且在最后的高考中发挥良好，考上了清华大学。回想过去的学习历程，我以垫底的成绩涅槃逆袭，那么是什么方法使我竿头直上、笑傲考场呢？

学会制订规划：始于斯，成于斯

《礼记》有云："凡事预则立，不预则废。"然而一直以来我都没有制订学习规划的习惯。刚上高中时我的状态是这样的：老师讲到哪里，我就学到哪里；老师布置了作业我就去完成；要考试了我就去复习……在这样被动的状态下，即便是考出好成绩我也很难弄清楚究竟为何如此，只能笼统地总结为"最近学得不错""近期状态良好""这次发挥还行"等。事实上，我们只需要主动地去规划自己的学习进程，就能有效地避免这种无力的状态。高一下学期选择文科之后，我学会了制订学习规划，于是成绩逐渐有了起色。

这里所说的学习规划，并不是那种短期的、任务性的规划，诸如：本周应该集中注意力突破哪门学科的哪类题型，晚自习又该如何处理学校任务和个人任务等。这类问题并不在我的规划范围之内，我所说的学习规划是长期的、纲领性的规划，例如自身成绩提高应该分为几个阶段，每个阶段应该有什么侧重点，应该如何分配各学科的时间，等等。这样说起来似乎有些晦涩难懂，接下来给大家分享我在高中阶段制订学习规划的全过程。

当我在制订规划时，我会问自己一个问题：终极目标是什么？于是我给出了一个非常现实的答案：考上全国顶尖的985大学。接着我快速搜集了所就读的高中往年的高考成绩，发现我的年级排名至少需要保持在前五名才有可能达成目标。面对这个目标，排名在班级倒数第一、年级一百左右的我陷入了沉思。的确，这并不是一个容易达成的目标，更不可能在短时间内实现。但有句话说得好，"谁笑到最后，才笑得最好"，我不需要在短时间内见效，只需要通过制订一个长期的计划，逐步进行，最终实现我的目标就行。于是，我制订了一个"四步走"学习规划：

高一年级，保持实验班水平（年级排名第一百左右，文理分科后排名在年级第三四十左右）；

高二年级，保持年级排名前二十水平；

高三上学期，保持年级排名前十水平；

高三下学期，争取达到年级排名前五水平。

同时我还结合自身优势和兴趣，制订了如下总方针：把主要精力放在语文、数学上，通过这两科和同学们拉开分差；同时英语和文综也投入一定精力，保证分数不拖后腿。这一方针也是结合了2016年之前历年高考的实际情况，即语文和数学为主要拉分项。而英语由于难度稍小分数普遍偏高；文综由于难度稍大分数普遍偏低（近年这一情况有所变化），因此这两门需要保持"稳健"的状态，想着高考靠这两门去拉开与其他同学的排名差距不太实际。

这一规划看似只是一个学生做的白日梦，但是它确实在此后的两年半中指导着我的学习进程。在我长时间保持第三四十名的成绩时突然考了第十几名，我并不认为这是自己的真实水平，即便父母和老师都认为我应该通过加大训练量和训练难度来保持这个成绩，但我还是冷静地保持匀速前进的学习节奏，而没有想以"大跳跃"的方式来实现短时间内的成绩提高。同时我由于清楚自己的成绩构成，所以总会有意地调整自己的学习任务。例如当我认为自己的英语成绩已经足够支持我的目标排名时，即使英语老师发放了大量的试卷，我也只会认真完成足量的任务，而多余的部分视情况而定，以此将时间留给更需要的学科。

总之，制订完学习规划后，我的前进之路瞬间明朗起来，我知道自己下一阶段要达到什么样的名次，每次考试后我也能清楚地意识到自己的学科时间安排对成绩的影响。自制订学习规划开始，我的学习基础慢慢夯实，这一切激励我向着终极目标稳步前进。

掌握考试方法：仅仅是学习专业户？不，还是考试专业户！

很多人很难分清学习与考试之间的区别，其实二者并不是完全一致的。要取得好的成绩，学习知识是一方面，掌握考试方法是另一方面。很多人其实学得很不错，但依然考不出好成绩。高考不仅仅考查我们日常的学习能力，还考查我们对考试方法的掌握情况。之前我的成绩一直难以提高，很大一部分原因是我把过多精力放在了学习课程知识上，而忽略了考试方法。

以语文为例，我一直严格遵循着总方针，十分重视语文学习和训练，同时又爱好文学和诗词，是老师们公认的语文能力强的学生。看样子我的语文成绩应该不差，但事实上我始终无法取得好成绩，到了高三依旧如此。全年级600名文科生，我在总分排名前几的情况下语文单科成绩有时能排到第200多名。总结了自己历次考试的语文试卷后，我发现主要的扣分项是选择题，选择题扣掉的分数比除作文和选择题外所有题的扣分总和还多。在高三的一次全市联考中，总分27分的选择题我只拿到了9分，这令我意识到了事态的严重性！因此我下定决心，一定要把语文选择题拿下。而在语文选择题当中，分数占比最大的是和阅读有关的选择题，对这类题型我毫无方法，答题基本凭感觉，完全"听天由命"，因此正确率不高。于是我买了一本语文阅读选择题来练习，想以此来锻炼自己的阅读做题能力，但由于毫无做题方法，每次练习都以惨烈的结局告终。

在我向语文成绩好的同学请教后发现，他们在做题时都有自己的方法和习惯，很少有人会像我一样完全凭感觉。于是我开始重点改进自己的做题方法。根据以往的考试经验，我发现自己在做阅读选择题时总是"想太多"，习惯通过自己的主观臆断曲解原文和题目，而很少把选项的错误与考纲里总结的几大错误类型联系在一起。当我深入研究之后发现，有些选项能够直接看出所属错误类型，无须阅读文章就能选出答案。所以从那以后，每次考试我都注意先通过研究选项选答案，只在有需要的时候回到文章中去找信息。虽然这样做让我对文章内容"一知半解"，但有时能更快速地选出答案，正确率也有所提高。最终高考以选择题满分、总分133分的成绩，为我的高中语文学习画上了一个圆满的句号。

总之，自从我开始注重考试方法，成绩有了很大的提高。所以大家在提高日常学习能力的同时，也要注意寻找适合自己的考试方法。

保持达观心态：All is well

其实长期以来，我的学习心态与考试心态并不是很好，而且我发现自己的紧张程度往往和考试成绩呈负相关。然而越重要的考试我就越紧张，成绩往往越差，而平日里无关紧要的小测验却能取得令人满意的成绩。成绩提高的过程，在某种意义上对我来说就是自己心态越来越好的过程。

高一时，我将考试看得极重，每次考试前都精心准备，而到了考场上却"颤颤巍巍"。有一次考英语之前，还没进校门，在转角处我就开始心跳加速、双腿颤抖，那次考试成绩一塌糊涂。我内心深知自己应该消除这种紧张的心理，但始终无法做到真正消除。

然而，在下一场考试中，我的心态就有了明显的改善，这是源于一部电影带给我的影响。当时我们班组织观看了阿米尔·汗主演的《三傻大闹宝莱坞》，这部印度电影讽刺了僵化式的教育，而传递给观影者一种乐观的情绪。当时我们班里流传最广的一句话正是电影里主角用来鼓励他人的话——Aal izz well（All is well），意思是"一切都会好的"。这句话同样也被同学们用来安慰正处于低谷期的我，也是那时我真切地感受到了这句话的能量以及背后所传递的同学间的情谊。从那以后，每次不论是考前紧张还是考后失落，我都会用这句话来安慰自己或者其他同学，久而久之，我就养成了乐观的心态，不再畏惧考试本身以及考试带来的一系列压力。

临近高考更是如此，我能在高考中脱颖而出，除自身的努力之外，在高考前一直保持的轻松乐观的心态，也是我能够在最后逆袭的原因之一。对待任何考试，我一直都能做到"战略上藐视一切，战术上重视一切"。临近考试我们当然需要认真准备，但是完全没必要过分紧张、患得患失。相反，在考试即将来临之际，甚至可以放下一切去享受轻松，而不一定非要把每分每秒都挤满。例如我高考那次的数学考题难度骤增，令很多人措手不及，包括我在内的许多人都发挥失常。因此考完数学之后，很多人心态就崩塌了，带着考试的压力和考差的沮丧去复习剩下的两科，唯恐复习效果不如他人从而导致更严重的后果。而我认为自己之前对英语和文综的复习已经足够充分，一晚上的复习并不会有特别好的效果，此时调整心态更为重要。因此我和另一位心态相同的好朋友探讨了一晚感兴趣的话题，没有谈论任何有关学习的事。事已至此，我们能做的只有让自己快乐地应对考试，毕竟"All is well"嘛！最后，很多尖子生在第二天的考试中依旧没有发挥出理想的水平，而我和好朋友却在第二天的考试中大放异彩，最终考上了心仪的大学。

总的来说，<mark>心态在最后的博弈中占据重要地位。在紧张的学习之余，千万不要忘记保留一颗乐观的心</mark>，相信那句"All is well"，幸运女神永远眷顾自信乐观之人。

班级倒数第一也能上清华？——我做到了，你也可以

学会制订计划	学习规划是长期的、纲领性的规划，例如成绩提高应该分为几个阶段，每个阶段应该有什么侧重点，应该如何分配各学科的时间，等等	我的"四步走"学习规划
掌握考试方法	很多人很难分清学习与考试的区别，二者并不是完全一致的。要取得好成绩，一方面是学习课程知识，一方面要掌握考试方法	总结方法，提高正确率
保持达观心态	我的紧张程度与考试成绩呈负相关，是同学的安慰与鼓励帮助我养成乐观的心态，不再畏惧考试	All is well

学霸阅读笔记

阅读打卡

新的收获

小 结

02

学习效率篇

现代管理学之父

彼得·杜拉克曾经说过

时间是

世界上最稀缺的资源

除非善加管理

否则一事无成

想要掌握自己的人生

先掌握自己的时间

做时间的主人

有计划地去完成每一件事情

把握课堂，高效学习

王　辰

高考总分：677

毕业于河南省淮阳第一高级中学

就读于清华大学经管学院

> 课堂是学习的关键，把握住课堂，就能把握成绩。

　　"读书不觉已春深，一寸光阴一寸金。不是道人来引笑，周情孔思正追寻。"这是唐代诗人王贞白在江西庐山五老峰下白鹿洞中读书时写下的诗句。诗人读书入神，每天都过得紧张而充实，全然忘记了时间，以至春天即将结束，他都是在不经意中猛然发现的。诗人王贞白用这首诗告诉我们要惜时如金、潜心求知。世间万物，只有时间是最公平的"无偿"的财富，对这种财富每个人都拥有相同的份额。同时，时间也是每个人确实能够拥有的最为宝贵的东西之一。时间是无可替代的，如果随意糟蹋或浪费，它便会一去不复返。而我们在课堂上的时间更是弥足珍贵。学习不仅要讲求勤奋，更应该讲究方法，掌握了学习方法，我们才能够高效能地学习。达尔文说过："一切知识中最有价值的是关于学习方法的知识。"知识经济时代需要能够高效能学习的人才；不会学习的人，终将被知识经济时代的大浪渐渐淘汰。对于处在学习中的我们来说，最重要的不是学会了多少知识，而是在于是否掌握了适合自己的高效能的学习方法。而把握课堂则是我们学习知识的第一要诀。

　　谈谈我的亲身经历。上小学的时候，我常常七点左右就睡了，上了初中，十点之前也一定会睡觉。我很少熬夜学习，但成绩也一直保持在年级前三名。大家都知道健康的重要性以及保证良好睡眠质量的必要性。熬夜不仅会破坏生物钟，伤害身体，更会影响精神状态，从而影响做事的效率。如果我们按照"工作总量＝工作时间×工作效率"的逻辑思考一下，就会明白个中权衡取舍之理。如果牺牲了睡眠时间来延长学习时间，则会导致精神状态不佳，从而降低学习效率，二者相互作用，不仅成绩难以提高，更是损伤了身体。倒不如坚持良好的作息习惯，保持饱满的精神状态，以取得更好的学习成果。所以，我想说的第一点便是：如果违背了人体和自然长期相互适应形成的生物钟去追求所谓的更长的学习时间是断不会得到好的结果的。好身体好精神才是好成绩的第一前提。在清华学习的这两年里，我更是深刻地体会到了这一点。清华大学提倡体育是强国之必需，特别重视学生的身体素质教育，东大操场上赫然立着"为祖国健康工作五十年"的标语。不光是大学生需要注意身体，小学生、初中生、高中生也是如此。你们正处于身体成长发育的黄金时期，是未来祖国的栋梁，必须拥有一个好的身体。所以开篇我没

49

有讲学习，而是首先告诉大家，良好的身体素质是第一位的。

很多同学会说，这些道理我都明白，但是大家都在熬夜学习，如果我不这么做是不是就落后了？确实，同学之间难免有比较心理，甚至有的同学觉得自己熬夜越多、学的时间越长越骄傲，其实不然。这就是我想告诉大家的第二点：抓住学习的黄金时间，提高成绩事半功倍。回想起初中，我认为我能一直保持成绩优异的最大秘诀就是抓住课堂。我认为初中学习在整个中学学习中是非常重要的，从初中开始，我们才真正接触系统的知识，这个时候老师的指导和启蒙也是至关重要的。而初中恰恰又是大家最活泼好动、爱走神的年纪，很多同学以为课程简单，总想着玩，因此失去了最宝贵的学习时间——课堂。其实，课堂上的每一个45分钟才是最珍贵的学习时间，如果能聚精会神地抓住每节课上的时间，你会发现学习竟变得如此轻松。为什么说课堂的这45分钟是黄金时间呢？ 首先，老师讲新课时是你第一次接触这个知识点，第一印象往往是最深刻的。这一点对于数学、物理这些学科尤为重要。刚入初中，很多数学、物理概念大家都会觉得非常陌生，此时如果能在老师的指引下认真思考，第一次接触时就弄清楚它们的内涵，那么短短的几分钟内，认真听课和不认真听课的同学便轻松拉开了差距。因为同样的知识点你在课堂上就理解并记住了；而分心的同学却在最关键的时刻走了神，可能通过以后的学习，他也会慢慢达到和你同样的理解程度，但是却要花费更多的时间，甚至要付出多次错题丢分的代价。而在这段时间内你早已经在理解的基础上做了很多的习题进行巩固，加深理解。这就是听课效率产生的差别。

一个教室几十名同学，大家听着同样的老师讲授同样的课程，甚至做着同样的辅导资料和模拟试卷，为什么成绩单上有人拿到第一名，有的同学却是倒数呢？其中的差距都归结为一个词——效率。我觉得课堂上新知识的吸收理解是重中之重。回忆起我的初中时期，身边很多阿姨都曾在和我妈妈聊天时表示羡慕，夸我经常出去玩但学习成绩还一直很稳定。每次她们这么说的时候我虽然高兴，但是心里明白自己并不属于只玩不学就能拿到好成绩的那类人，因为我深知世上不存在不努力就能成功的天才，我之所以能做到如此是因为高效率学习。既然一定要花费45分钟上课，那为什么不让这45分钟的效用最大化呢？所以课堂上是我最专注的时候，聚精会神地听老师讲的每句话，吸收的同时也会进行思考，如果有疑问或者不解便随即在课本相应地方做上简单标志，课下再仔细思考。课程结束以后，我不会立刻合上课本跑出去玩，而是花三分钟时间迅速回忆一下这节课老师都讲了什么，回顾不需要太注意细节，关键在于总结和梳理。养成这个习惯以后，知识便能渐渐地形成体系。三分钟的短暂梳理，我会重新翻开课本，仔细思考课堂上的遗留问题，如果自己不能解决，便记在小本子上去请教老师。看上去同样是一节课，但是合上课本的时候我很清楚自己比身边上课走神说笑的同学收获得多。在课堂通透理解的基础上，我做习题时自然也就比上课不认真的同学高效很多，省出来的时间也便可以做更多习题。这就是抓住黄金时间的好处所在，它不需要额外付出很多时间，更不需要熬夜，但是能达到事半功倍的效果。

以下为大家分享一些课堂提高学习效率的小技巧：

课前。上课前，我们要有三个准备：情绪准备、预习准备、回忆准备。预习一般是"单兵作战"，能培养自学习惯和自学能力，增强独立性，减少依赖性。在预习中发现问题，找出疑难点，然后带着这些疑难点去听课，能减少盲目性，增强听课效果。通过预习，对课本有了初步的了解，在课堂上就有了充裕的时间对老师讲授的内容进行思考、消化，有利于深入了解课本内容，当堂巩固知识。重复是加强记忆的基本手段，课前预习就等于先学习了一遍，有利于加强记忆。预习中要有侧重点，主要了解课文的一般内容，找出疑难点，并标上记号，这样听课时就有了针对性，在这样的准备下我们进入课堂。

课堂。课堂是学习的黄金时间——答疑、解惑、传道的第一阵地。老师在课堂上以课本为基础，讲解的内容无论是在深度上还是在广度上都超过了教材本身，认真听讲，将老师所讲内容都理解了，就能达到事半功倍的效果。不知你是否注意到了，在每节课开始的时候，老师总要拿出几分钟的时间，将上堂课讲的主要内容提纲挈领地强调一遍。当然方法比较灵活，有时是老师自述，有时用提问的形式考查，这就是老师讲课的重点。这时，我总是注意力格外集中，从中找出自己上节课学习中的漏洞并及时补上。同时还要提高警惕：那种老师多次提及、反复强调的内容就是重点或难点。老师刻意（比如突然提高声音，或是敲桌子、黑板等）提醒要注意的，就是容易出错的地方，是需要我们认真去听去记的。老师在强调重点时，通常会提高嗓门或降低语调，有时老师会说"要记住的是……"，或用其他词语来引起我们的注意。有时他会将要点和概念用稍微不同的方式复述，或者在重点的地方停顿一下。另外有个小窍门，每当老师用"一、二、三"的方式讲解知识点的时候，毫无疑问，这就是要点了。

听课要有所侧重——听重点，听难点，听未掌握的内容，听扩展的知识点，听自己认为有用的东西。只有这样听课，才能有收获。有时老师讲概念、定义等，都要通过列举许多具体的例子去分析，因为任何结论的提出都有依据可循。我们首要的是听老师怎样把一些抽象的概念具体化，再去弄懂每个概念的来龙去脉，理解每个具体例子的含义，从这些例子中理解那些抽象难懂的概念，反复推演。我相信，通过反复推演，这些概念肯定能烂熟于心，远超出普通人所能理解的范围。

学会高效听课的同时还要学会记笔记。记笔记——最重要的是记"关键词"，这样的方式简明扼要、工作量小、效果最佳。曾经有学妹给我留言，说她在上课期间捡了一次笔，这节课就再也跟不上了。确实，我们在课堂上边听老师讲课，边记笔记，有时候忙得焦头烂额，一不留神老师讲的部分内容就错过了。归根结底，并不是因为老师讲的内容太多，而是因为我们记笔记的内容过于冗余。我们一定要明确做课堂笔记要记下的内容。内容共分三类：第一类是老师在课本之外补充的知识；第二类是老师的总结和概括，包括一些口诀和规律；第三类就是老师提示的易错点、难点，还有常考点。对于课本上已经有的知识，哪怕它再重要，都没必要在课堂笔记上重新抄一遍，我们只需在笔记上记录好关键词就可以了。

比如这节课老师讲了三个定律，每个定律给了几个变形，在课上我没有厘清这些内容，那么在课下我一定会重新梳理相关知识结构。结构清晰了，对知识的理解和记忆就会上一个台阶。如果课堂笔记记得很快，字迹潦草或内容不全，那么在课下就需要对这些知识点进行适量的补充，以此来避免时间久了不能明确笔记内容的情况。我们班大部分同学在课堂上记完笔记，课余时间就很少看了，这样是不可取的。如果想发挥课堂笔记的作用，必须对记录的内容进行二次复习。可以在三个时间节点复习：一是做作业之前，你可以花几分钟时间把课堂笔记复习一下，然后再去做作业；二是周末，你可以抽2小时，把这周的课堂笔记复习一遍；三是月末，你可以抽一上午，把这个月的笔记复习一遍。这三次复习，无须花费很长时间，却可以大大加深对知识的理解和记忆，同时加快做题速度，非常高效。

　　每节课最后的"几分钟小结"也是重中之重，不容忽视。因为，这时老师要把本节课的重点内容总结出来。课堂的结尾，虽然仅仅几分钟，却凝聚着课堂内容的结晶，而这往往不被大家重视。我从来不肯放过课上每一秒的时间，一直到下课铃声响起，老师走出教室，我紧绷的神经才会稍稍松下来。

　　作为学生，谁能够高效地管理时间，科学地利用时间，抓住时间的脉搏，谁就能创造学业的成功，盛年不重来，一日难再晨，希望大家砥砺前行，能得始终！

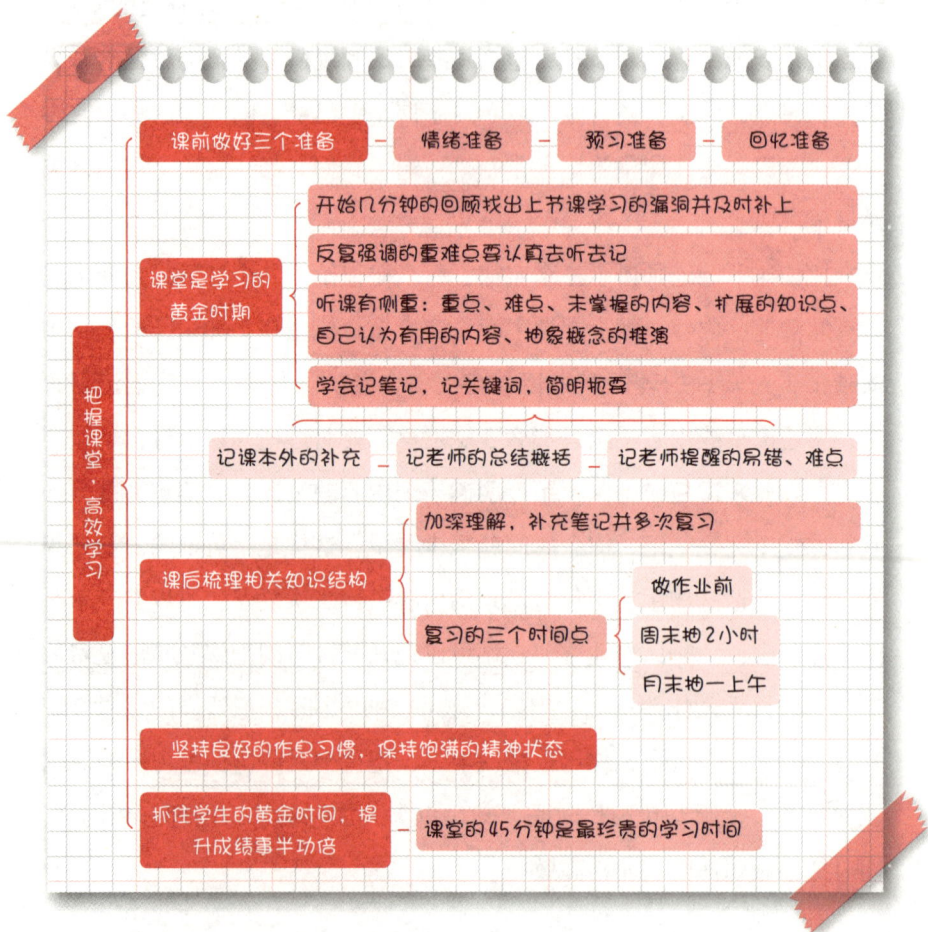

学霸阅读笔记

阅读打卡

新的收获

小 结

排满的日程表 ≠ 时间管理

陆泉宇

高考总分：668

毕业于吉林省辽源市第五中学

就读于清华大学新闻与传播学院

> 时间并不重要，重要的是效率。请学会时间管理、情绪管理和精力管理。

　　我相信，经历过高中学习的你，可能或多或少都有过这样的状况：作业太多写不完、明知有弱科却没时间补、白天太困以致影响听课……或许你也曾和我一样，慨叹一天为什么没有 36 个小时，这样就可以做更多的题目、更多的事情。

　　其实我们都知道，问题或许并不在于时间本身，而是在于时间的利用方式，或者说是效率。你是否感觉自己一直在忙，却永远也忙不出个结果；盯着作业发呆，却不知道为什么一笔也写不下去；感觉自己劳心劳力，却得不到一个想要的结果。

迷茫中的你或许也听过一些四象限法之类的手段、Forest 或者 Timing 之类的 App……但不知道为什么，用着用着也感觉用处不大，于是莫名其妙地又放弃了。

所以，我想和大家聊聊，时间管理背后的本质：你到底为什么拖延，为什么效率低下？究竟应该怎么办？

不作为的本质：要么没用，要么不急

如果你在参加一个运动会或者体育测试的 50 米跑步项目，你会不会说，"呀，不如等一会儿再跑吧"；如果航班即将起飞，而你还没打印登机牌，你应该也不会优哉游哉地喝杯咖啡，然后再慢悠悠地去登机。同样地，如果老师下节课就要检查作业且没完成作业的同学会得到比较严厉的惩罚，我想，你会想尽办法在检查之前把作业补完。这些都属于"紧急"的事情，在我们应对外界事物的过程中，"紧急"的事情也往往是被优先完成的。这也就是我们会有"拖延症"的原因——开始的时候，这件事情并不算着急；而到截止时间之前，如果你还没有着手去做，这件事情自然就会变成"紧急"的事情。从"还不急"的事情变成了"不得不马上去做"的事情，我们自然也就会立刻去完成。这也就是有些人认为的把事情放到后面做反而会提高工作效率的原因。

但并不是所有的事情都是"紧急"的，你总会有没什么急事要做的时候。手头仿佛有很多事情，却又都可以放一放。假期作业？不急，时间还长。复习学科知识点？似乎什么时候复习都行……于是时间就这么过去了。尤其是后者，我们总觉得还有时间，什么时候去做都行，于是它们被我们一拖再拖。太多的同学即使到高考当天，也没能按照自己之前所计划的把不熟悉的知识点都过一遍，或者把高考单词完整背一遍。

有这样一个概念——虽然大家心底都明白，但往往在行动层面上会忽视——紧急和重要，其实是两码事。举个最简单的例子，背单词，背古诗，重不重要？大家都明白它们的重要性。但有多少人能真正认认真真、踏踏实实地每天去背一些单词、默写几首古诗，直到足以满足高考需求的？恐怕很少。究其原因，是那种"还不急"的心理在作祟。

时间管理：真正把重要的事情做起来——认同与规划

那么怎么克服拖延的心理，真正把有用的、重要的事情做起来呢？首先你需要认定它是真正重要的，而不只是被挂在口头上的。在有限的时间内，所谓的"重要"并不只是有意义。如果这么说，背单词重要，学语法重要，练作文重要，背古诗、做数学题、复习教材、刷教辅也重要，但在单位时间内能全部完成吗？显然是不现实的。所以这里说的"重要"，是在所有需要做的事情里排序，挑出在有限时间内你认为有可能完成的最重要的几件事。

怎么判定哪些事是更重要的呢？一般来说，这个时候可以参考短板理论。例如，你的英语成绩比数学成绩差，学习英语一定在长远时间尺度上是"更重要"的事情，尽管这个周期可能较为漫长，提分也并不容易。哪里不会点哪里，是学习中亘古不变的道理。

在确定好自己的短板之后，就要开始考虑解决方案了。英语成绩差，是因为单词量不够，基础语法掌握不牢，还是听力或者作文某一块的单独问题。把问题拆解开、具象化，往往更加有利于问题的解决。当然，某一科成绩低往往是诸多因素叠加造成的，比如英语不好可能就是由于单词量不够，语法基础不牢固，从而看不懂阅读理解的文章。具体如何解决这类问题，是规划层面的事情：首先，要做到从心底认同这件事的重要性，重要到需要从现在开始就制订计划去实行，不可以再拖延。只要出发，就能到达；但同时，也只有出发，才能到达。出发是最重要的一件事。

意识上的认同，可以帮助你着手去做真正重要的事情；而一个良好的规划，可以帮助你有条不紊地将事情进行下去。如果你是时间规划的入门级选手，那么请先规避两种可能出现的情况：一、安排过于精确；二、完成度要求过高。

终于，通过各种方式，你战胜了内心那个懒惰、倦怠的心魔，打算轰轰烈烈地开始一番大事业：今天要背5首诗歌、50个单词，做两套数学题、一套英语题、一套理综题……然后踌躇满志地列出了一个满满当当的计划表：6点到7点数学，7点到8点英语，8点到10点半理综。于是6点时你提起了笔，但似乎有很多不会的题目，好不容易把会写的部分完成了，时间不知不觉竟到了8点半。接下来的英语、理综怎么办？你心生沮丧，长叹一口气，觉得自己不适合做时间规划，于是放弃了。

这样显然不是办法。没有金刚钻，别揽瓷器活儿。关于时间规划有这样一个说法：不去做，就没办法明确自己完成任务所需要的精确时间，也就无法进行时间规划。因此，我建议按照任务的重要程度排序，从最重要的开始逐个完成，即使最后没能全部完成，至少重要程度较高的任务完成了。

如果所有任务都需要完成，又该怎么办呢？数量和质量难两全。如果确实都要完成的话，可以适当进行时间上的安排，但注意不要对自己期望过高，导致时间安排过于紧凑；同时也要放松心情，比如某些难题可以保留，放到后面去完成。总之，在时间安排和任务管理的过程中，要对任务和自身情况有一个基本清晰的认知，同时也要有大局观念，知己知彼，方能百战不殆。

精力管理：在最舒服的时间做最舒服的事

通过上述的时间管理术可以得知，我们需要把事情按照重要程度排序后依次进行。在时间安排方面根据个人情况灵活安排。早睡还是熬夜学习，在家学习还是去自习室，这就需要根据个人的学习习惯决定了。如果不清楚自身情况，建议各种学习方式都尝试一下，这样更容易找到最适合自己的模式。我就是一个中规中矩的典型，平时半夜12点钟睡，6点钟起床；有的同学不能熬夜，这种情况下无须拗着自己的生理习惯，尝试一下早起学习也是不错的选择。有些人会觉得自己早上记忆力比较好，适合背古诗背单词；有些人会觉得深夜临睡之前，做数理化的效率奇高……如果你能找到自己最高效的时间点，结合上面说的重要性排序，把自己的学习任务安排好，想必可以达到事半功倍的效果。

情绪管理：突然心态就崩了，怎么办

即使掌握了上文所述的时间管理术，有些事情也会不受我们控制。且不说疾病等不可抗因素，就拿我来说，我在临近高考时就经常出现这样的情况：看着卷子突然不想动笔，看着教室墙壁想要逃离。每一个正在为高考拼搏的孩子面对日复一日的高强度生活，往往会有难以排解的巨大压力，这些压力往往会对我们的情绪造成负面影响，从而使我们产生焦虑、难过、委屈、失落，甚至无望等负面情绪，成为我们前进路上的障碍。

如果你正感到压力过大、情绪焦虑从而影响日常学习的话，那么以下这段话或许可以帮到你。

我们要去接受一个事实，即我们本是凡人，会有焦虑、绝望、难过等负面情绪，也会被这些情绪所影响。所以要去接纳它，接纳会出现的所有负面情绪，也接纳我们本身并不完美的现实。这些负面情绪就像是只会发生在我们自己身上的自然灾害，无论是否愿意接受，它们都会时不时出现，无关乎你是否需要。

而当你接受它，换一个视角来看，情况似乎就会改变很多。我高三时期压力很大，有时会请一整个晚自习的假，出去吃一顿想吃的，然后散散步。老师可能会觉得我这样做有些任性，但我深知自己需要这样一个抚慰自己情绪的时间和空间。在这之后，情绪往往也会"听话"地自行恢复过来——当然，即使恢复不过来我也只能选择接纳它，因为和自己对抗毫无意义，只会加重焦虑的程度，延长负面情绪存在的时间。

当然，我绝对不是在消解努力拼搏、刻苦奋斗的意义，如果你的力量充足、心态良好，当然应该竭尽你的一切力量，去拼搏，去奋斗，不

61

浪费一刻光阴；但如果你感觉疲惫了，暂时歇一歇也并非多么不可饶恕的事情。毕竟磨刀不误砍柴工，照顾好自己的心态与情绪，才能有更高的效率与更健康的心理。

时间管理、精力管理与情绪管理，可以说是学习管理术上的"三座大山"，也是我们自我管理的重要组成部分。希望我们都能够有自主学习的意识和自我管理的能力，在学习的道路上越走越顺，也越走越远！

紧急和重要是两码事，不要养成拖延的习惯

排满的日程表 ≠ 时间管理

时间管理：真正把重要的事情做起来——认同与规划
- 认定它是真正重要的，挑出有限时间内有可能完成的最重要的几件事
- 判定何为重要，可参考短板理论
- 考虑解决方案，问题拆解开、具象化
- 只要出发就能到达，出发是最重要的事
- 按照任务重要程度排序，要有大局观

精力管理：在最舒服的时间做最舒服的事情
- 清楚自身状况，找到最适合自己的模式、最高效的时间点

情绪管理：突然心态就崩了，怎么办
- 每个正在为高考拼搏的孩子面对日复一日高强度的生活，都会有难以排解的巨大压力
- 我们本是凡人，会有焦虑、绝望、难过等负面情绪，所以要去接纳它，接纳我们本身不完美的现实
- 给自己一个抚慰情绪的时间和空间，照顾好自己的心态和情绪，才能有更高的效率和更健康的内心

学霸阅读笔记

阅读打卡

新的收获

小 结

清华学子的"有所谓"和"无所谓"

孙 超

高考总分：**641**

毕业于浙江省绍兴鲁迅中学

就读于清华大学新闻与传播学院

这是一名普通学生经历从小区域的优秀到大区域的平庸的落差，最后凭借着"有所谓"与"无所谓"的学习态度而崛起，一波三折最终被清华大学录取的真实经历。

即便是不信仰，人总是在"命中注定"或者"神佛庇佑"这几个唯心主义词语中寻找内心的安慰。我也不例外，总是将自己视为一个幸运的孩子，或者说是上帝的宠儿，哪怕他偶尔戏谑搞怪，让我学会为人处世的过程起起落落、一波三折，但总会把我的结局安排成幸福美满、如我所愿的情节。但是，不可否认，任何成果包括我这次被清华录取，进入了适合自己的新闻与传播学院，是出乎意料但也是在情理之中的，这与我的"有所谓"和"无所谓"态度密不可分。

我的"有所谓"

优秀有时候真是一种习惯，一旦习惯被打破，人们会觉得"有所谓"，无论是为了面子还是为了心中的"一口气"，都会采取反击的策略。

我见过很多同学，他们从小学、初中的成绩平平到高中的奋起直追，乃至最后取得了和我近似的成绩，我知道理论上他们必然经历了许多的咬牙刻苦，把别人的优秀当成鸡汤，哪怕是滚烫的，也忍着眼泪吞下去，作为他们改变自己生活学业的营养动力。但这毕竟只是少数，有时候，更多的人补了很多课、刷了很多题，最后仍是徒劳无功，于是将此归咎于时运不济、命途多舛。开始我一直不能理解，直到高中我才切身体会到这种感觉，一种无可奈何的乏力感。

回想寒窗的十几年，我可以毫不自谦地说，我自小就是大家口中的"别人家的小孩"，从小就有着比别人更多的小红花、五角星；上学了，则是更多的红对勾与高到惊人的分数让我优越感十足。初三那一年也是毫无悬念地被保送到了鲁中（绍兴鲁迅中学），轻松无视了"中考"这个别人眼中的一道生死关。开学后，我被分入了鲁中的春季班——一群绍兴各地保送生的聚居地。当一只鹤被拎出鸡群（这里不存在歧视，仅考虑学业成绩），来到一群鹤中，腿短腿长一下子又有了分别——没错，我是中长腿的那种鹤，而且腿长随着心态呈正相关变化。

高中一开始，学习十一门课，还没有选课，那一段日子是我的低谷期。那时的班主任是物理老师，而我最烂的科目也是物理。频频考试，用分数可以直白考量的学习水平暴露无遗。一次是失误，两次也情有可原，三次四次五次……再强大的人也会开始自我怀疑。我也努力过，也刷了很多题，但还是扶不起的阿斗，甚至有几次考试成绩垫底。

这时候，我才真正意识到，原来我也不过尔尔。

但是，要知道，人的能力的迸发，需要一剂正催化剂。我是一个很乖巧文静又很狂野叛逆的人，因为看过的书太多太杂，我的思维有时候会惊世骇俗，但我也不屑于表露和阐述。我一直认为，一个真正优秀的人，不应该是书上写的模板式的形象，他应该是有血有肉、充满自信乃至自负的一个人，用当下坊间流行的用语来说，他的眼里有星辰大海。过于自卑和颓废只会使一个原本优秀的人失去眼中的光芒，失去我们说的他的一种"学霸气质"，那种发自肺腑的自信，那种因无所畏惧而"目空一切"的态度，那种因运筹帷幄而"玩世不恭"的冷静。

在这一价值观的引导下，我开始拼命保护我眼中的光。为此，我做了两种尝试。

第一，我细心呵护乃至壮大原有的火光。我的写作很好，语文成绩从小到大都是班级佼佼者。当成绩榜上遥遥领先，当作文被奉为范文全年级流传，当所有老师同学褒奖不止，当强势第一的地位无人撼动……知道吗，虚荣心有时候是最好的自信，它可以带给我们前进的动力。在选考科目平庸、数学英语水平一般偏上的尴尬情况下，是语文，以落全校第二名十几分的优势，以多次的130多分获得校方的关注，乃至得到清华招生办的A的判定。当然语文素养给我的自信，让我在面试中也能脱颖而出——口头阐述有理有据且文辞优美，以及浑身自信的精神状态。当然高考语文133的高分也为我进入清华助力良多。

第二，我寻找新的火种。结合客观情况与个人性格、喜好，我分析得出key point——体育。没错，就是在多数人眼里看来是不务正业、有损女孩子优雅形象、浪费时间、会长肌肉会晒黑、会出汗、要常洗澡常换洗衣服的体育。我喜欢跑步，每天大课间、晚饭前、晚自习课间，一天累计下来可以跑个七八圈。到了高三，体育成绩女生排名第一，800米成为全班最快且快过满分线十几秒。这赋予了我强健的体魄，使我在高三每天高强度试卷训练中依旧满怀学习的激情和动力；我喜欢在体育课上和活动时间里与男同学踢球，尽管很多女生会躲在阴凉处刷着和我同样多的作业，尽管我不是很会踢，但我也因此在压力最大的高中时刻收获了一批挚友，大家欢声笑语，在当时解压舒心，毕业后仍然亲密如初。同时，体育也是我的目标——清华所注重的考查项目，面试的教授对我的体育素质也都十分满意。无论从客观身体素质还是情感滋养乃至功利的志愿考虑，体育都是当时我除了语文外最有利的一门选择。这也是"无体育，不清华"背后蕴藏的价值馈赠，是现在我作为一个清华人对当时选择的庆幸。

我很庆幸，我因为语文和体育而与众不同，可以在课堂上以及田径场上光芒万丈。我因此树立了更加蓬勃的自信，在某种程度上，满足了我对优秀的追求。

面对成绩下滑做出努力，这是大多数人看来理所当然的事情，我也不例外。只是我的努力别具一格，也更为灵活——坚持与发展既得的长处，拓展曲线救国的易习得的新长处。

我的"无所谓"

前文提及，我认为一个优秀的人"目空一切""玩世不恭"，我也确然朝这方面去做了。大家一定都听过一个矛盾的概念：有些孩子读书很努力，但成绩远远不及一些看似更懈怠随意的孩子。就拿高三的午休来说，12:10响的午休铃，我12:30就开始睡觉，而大多数同学是快下午1点甚至根本不午睡，我不知道这是个人习惯问题还是其他什么因素使然，但个人觉得大中午做作业会脑子充血，导致后半天焦躁不安。同时我发现，像我们班的牛人，三个学霸对午休也都很随意，想睡就睡、随时可睡（有两个人，早上来得迟，中午睡得多，晚上估计也养生），他们不会在意作业写完与否，他们也许只是很简单的想法：我累了，午休难道不就是用来睡觉的吗？当然，我们班也有很多学霸午休睡得少，晚上寝室卫生间偷偷挑灯夜战，早上还早起。

以逸待劳，这是一种作息上的"无所谓"，其实背后还是一种适应自己学习模式的、为了提高学习效率的取舍策略，是对一种最后结果追求的"有所谓"。这在学霸圈子里还是有一定普及性的。

而我觉得我的"无所谓"有时候甚至更甚。我会给我自己找台阶、找借口。第一次选考历史79分。模考多次满分，大题目得分强得一流的我，仿佛被骗了一样，在正式考试里错了十道选择题。说实话，那时候我的心态很奇妙，当历史老师和班主任都感觉震惊甚至极度失望的时候，我竟然有一种局外人的看笑话和自嘲的心理：这么厉害，能考出这样的成绩！现在想想，当初最过分的是，我看到我的其他两门选考197分的成绩，感受到了今后少了两门课的轻松愉快之感，我不断安慰自己今后只要学一门历史就可以了，多简单的事。那时候不晓得来自何方的自信与乐观，竟然使我开心度过了第二次选考前的生活，每天和三门满分的同学课余量差不多，天天在自修室刷作业，然后回去一身轻松揶揄待在教室里总分比我高但是三门选考科都要重学重考的朋友。

然而，好景不长，上天仿佛和我开了一个天大的玩笑。第二次选考前，学一门课的充足时间让我把历史六本书背得滚瓜烂熟，次次模考都满分，所有的老师同学，包括我自己都相信，我终于要拿满分了。

However，最后成绩94分。

　　要知道，历年的清华北大学生选考都是接近满分的，而我总分291分在年级排名也不知道滚去了哪里，说实话，一段时间，没脸见人。但因为上文提及的两个策略，我的自信又使得我的脸皮"厚"了起来。我开始了真正的"无所谓"。我推掉了所有的清北录取讲解、笔面试培训，推掉了所有的竞赛、三位一体课程，不像其他学霸经常去老师那获取名校资讯。我抱着裸分上清华的妄想，利用推掉的外出培训时间自己做卷子、批卷子。

　　我有点叛逆，现在想来有些不够成熟。当所有人都觉得我大概是气数尽了，那我就拔掉所有来自外界的续命管子，靠自己的心脏脉动，就算不能完全康复（考上清北），至少我还能活下去（那时水平考浙大绰绰有余）。

　　但正如所有的病人都在内心深处渴望恢复健康，我尽管口中自嘲乐观无所谓，说着大不了考个浙大，去学医也了了我一番心愿，还可以和很多挚友度过大学时光；但心底深处还是有着不甘，有着"有所谓"。

　　濒危的人，不要渴求一瞬间重焕生机，只能努力将自己身体水平维持在一个较为可行的常态，然后慢慢调整，最终在所有医生和亲朋不可置信的惊叹声中下床，自信地伸一个放松的懒腰。

　　成绩低谷，我"无所谓"，我没有放弃宝贵的休养生息的午休时间，我没有放弃额外的体育锻炼时间去刷更多的试卷，我没有病急乱投医到处报名补习班，我没有天天阴郁而忘记旁边一群挚友的笑容明媚，我没有因此否定或是无视我的闪光之处。我只是更相信，静水流深。

　　正如我的班主任及我的历史老师在得知我被录取的喜讯时说的话，大概是：破釜沉舟，处于最大的压力下反而无所谓了，轻松的心态造就了不可能的成果。

而我想说，"无所谓"是心态的除霾剂，"有所谓"是行动的引擎链。怀着这样的心态，我达成了我前18年最大的梦想，当然，这也将裨益我今后在清华的学习，在社会中的成长与行走。我可以正确地看待竞争，处理失落与不协调的心境，采取高效有利的方式去追求符合自己能力与兴趣的那条通向梦想的道路。

给学弟学妹的几点建议

1. 适当休息，勿忘运动。

2. 看开点，无所谓；拼一把，有所谓。

3. 作业不要抄袭！会上瘾。尤其针对高分同学，别以为只要会做难题就行，有时候你就是丧命在基础题上。

4. 永远不要仇视优秀的人，学习不了他们的勤奋做法就单纯欣赏或者埋下头去自学。

5. 永远不要忘记回归课本、小字、标题框架。文科同学能做到在脑海中有每一页书的布局，理科同学能了解每一个来自书中定理的推导过程。

6. 不要迷信整理错题，更多时候是形式与完成任务，你真的会重头复习吗？对于理科，建议错题在试卷上订正，自己重新演算，一定要圆满步骤，不要遗漏。对于文科，将题目中做到的答题模板抄到课本上或摘录在本子上，尤其是语文。将类型相同的名言好句归在一个模块下，每次作文用同样的素材，利于记忆和转化。强烈推荐活页本。

7. 注重考纲，将每一门学科的试卷的每一道题型摸透，建议拿十几张真题卷、模考卷作对比，将每一题的考查范围、答题要点步骤、答题模板、评分细则都整理到本子上。

8. 多借阅高分同学的试卷，琢磨他的得分技巧，会有意想不到的惊喜收获。

9. 高一高二多看书，高三转入实战（也许过于功利，但是考上好大学，比如清华，会有 N 个图书馆、几百万本书等你细读，别和分数过不去）。

10. 如果可以，多和老师沟通。

希望大家能在高考中取得不负多年努力的成绩。加油吧，少年！

"无所谓"是心态上的除霾剂，"有所谓"是行为的引擎链。正确地看待竞争，处理失落与不协调的心境，采取高效有力的方式，去追求符合自己能力与兴趣的通向梦想的道路

清华学子的 "有所谓" 和 "无所谓"

我的"有所谓" —— 优秀是一种习惯，一旦习惯被打破，人就会觉得"有所谓"
- 我会精心呵护乃至壮大我原有的光芒——优秀的语文素养
- 我会寻找新的火种——体育素质

我的"无所谓"
- 以逸待劳是作息上的"无所谓"，也是一种适应自己学习模式的、为提高学习效率的取舍策略
- 自信和乐观，脸皮"厚"，处于最大的压力下反而无所谓

学霸阅读笔记

阅读打卡

新的收获

小　结

清华有梦追不止，
孜孜矻矻岂肯休

高明轩

高考总分：707

毕业于河北省保定市清苑区第一中学

就读于清华大学信息科学技术学院

> "清华有梦追不止，孜孜矻矻岂肯休。"它也是我高中三年最真实的写照，孜孜矻矻，不知疲倦地追寻，且甘之如饴。

　　我来自河北省，一个以衡中闻名的高考大省，但我不是那个超级中学中的一员。中考成绩虽然优异，但因为恋家，我放弃了外出求学的机会，选择在小县城里上高中，清苑一中，一个旁人基本不可能听说过的学校。叹惋，这是很多人对我选择的态度。初中时要好的玩伴，一个去了石家庄二中感受帝二风采（帝二是二中的趣称），一个去了衡水三年头戴光环，高中三年的寒假聚餐，我都能感受到帝二的同学话语内外的藐视。衡中的好友，干脆和我断了联系。我每个月都与帝二同学通信，只不过"身份"显得人家嫡子，我是庶出而已。这种自卑持续了整整三年，当高考分数公布的时候，我想，我们都对命运有了新的理解，体会到了造化弄人。

我的高考成绩是707分，一个至今让我不敢相信的数字。但它把我送到了这里，让我有能力在清华李文正馆的三楼敲下这些字句。如果你想知道我的成绩，我可以从记忆中摘出那些数字：136、150、143、278，这就是我的三年成果。但我更想，让你来听听数字背后，我的故事。

人不狷狂枉少年

中考全区第六的成绩，足以让我在这个县级高中立足。在2015届的开学典礼上，作为优秀学生代表的我接受了学校3000元的奖励。当我站在主席台上俯视操场上密集的人群时，我已经可以预见到，我以后的每个学期都会站在这里接受众人的艳羡目光。那时的我意气风发，无所畏惧，在我眼里，我在这个学校没有对手。毕竟，那些让我自卑的人，都离开了这个弹丸之地，去寻找更广阔的天空了。我自卑和自负的交织，从那一刻起，开始了。

我是刻苦的。我没有休息过一个假期。

我会在暑假和寒假把下学期的全部知识都预习完，并把相关的全解类教辅也写得密密麻麻。这让我在高一的入学考试中，就以领先第二名67分的巨大分差夺得榜首。从那时起，高一年级都认识了我的名字，好事的外班学生还会来我们班级门口探头探脑，互相窃窃私语"看啊，那个就是第一"之类的话语。那个炎热的夏日的尾巴，我的自满达到了顶峰。在之后的月考、期中、期末大大小小的考试中，我再也不关注排名，毕竟我一直是第一，偶尔让我好奇的只有这次又甩了第二多少分而已。隔绝外界，不闻其他，小山无老虎，猴子便狂妄。但猴子也需要付出自大的资本，我连吃饭都是奔跑向食堂的，我怕人说我不努力，我怕那些莫须有的流言蜚语，我独来独往，我不与人交谈，我显得遗世独立，偶尔去接水，走路高傲如天鹅般，昂颈穿梭在那些同班一年我都叫不上名字的同学间。

直到高一下学期，那场4月底的考试，击碎了我不堪一击的骄傲。

彩云易散琉璃碎

那时我已经发了两天的烧，但我没告诉任何人。即使父母每天关怀我，让我预防感冒，老师叮嘱我注意休息，因为我脸色不好，但我还是沉默着，因为我怕回家，我怕被中断在学校的学习，毕竟4月的考试，是一次大型的联考，我不想有任何闪失。事与愿违，在那场考试中，我以2分之差落败，成为了第二名。放榜那天下午就是全校五四青年节会演，紧接着放假，大家一片欢声笑语。我却躲在教室的角落写着类似遗书的东西，我觉得天塌了。

自古就有少年"为赋新词强说愁"之谈，我有时觉得，也不然。那些在成年人眼中微不足道的烦恼、无病呻吟的慨叹，在那个小小的世界里，就是少年脊梁上的稻草。没有经历过挫折和风浪，稍稍的失意对少年的影响会被放大无数倍。很多事，只有走过了，才能在回首时云淡风轻。只不过，成年人往往会选择性忘记自己"强说愁"的少年时光。

那天通向六楼天台的门没锁，我泪眼婆娑地向上走时，却被一个值周的同学从身后叫住："嘿！你哪个班的？怎么没去看会演！扣分！"他没认出我，因为这个哭肿了眼、身形佝偻的女孩实在不是他们平时津津乐道的那个人，但我们班主任认出了，她走上前一把把我护在怀里，扭头冲值周同学说："你不要记，她生病了，我让她上来休息。"

那天班主任陪我转遍了整个校园，我第一次知道，学校种着樱桃山楂石榴树，开满了玫瑰月季芍药花，丁香玉兰的香气弥漫，我的泪痕也渐渐风干。我向老师讲起面对初中好友的自卑，讲起自满的破碎，讲起这次失利对我的打击，讲起我害怕别人看法的转变，瘦小的班主任不善言谈，只是坚定有力地告诉我："你要先成为你自己，认可自己的优秀。"路上碰见共事的同事面如春风的招呼："谭老师，领你家女儿转？"班主任不置可否地笑答："可不是，换换心情。"班主任的女儿和我一般大，平心而论，高中三年，班主任待我如己出，付出的心血比我妈妈还多。

我已经忘记那天的我是怎么回家的了，只记得我第一次知道了，我是我自己，而不是为了那些让我自卑或自负的外界而活。我只求问心无愧。

不过，我动不动就流泪的本性倒是从未变过，但我知道了我会有让我脆弱的港湾。

在升高二的暑假，我第一次开始思考，我的付出是为了什么目标。

我在填目标志愿的单子上，郑重地写下了：清华大学。

人生何处不青山

如果定下目标不去实现，那就是空洞的纸上谈兵，是无意义的信口开河。我开始剖析自己，如何能穿过漫漫书海题海，一叶扁舟到那山。

我的语文和英语是强项，理科却时好时坏，在学校里小打小闹对付简单题可以，一旦遇到联考题出难了，我就难以应对了。保住我语文英语的优势，提高自己做数学物理压轴题的能力，生物化学不再粗心，我才能冲击更高的目标。在我理性地跟妈妈分析时，她正在吃煎鸡蛋早饭，外酥里嫩、香喷喷的鸡蛋吸引着她的绝大部分注意力，"好，分析出来对症下药就好了。"她边吃边说，"这煎鸡蛋流黄，香！"我对她的不以为意有些不满，"那你不得做我背后的推手吗？""我能怎么帮你啊？我就一小学数学老师，你学的那些我早就跟不上了。"妈妈又夹起一片馒头片，"这个也脆，也香，快吃！"我稍一思索，想到最近作文向时评文倾斜的新趋势，想起来一个任务："不如，你每天帮我筛选两篇《人民日报》的优秀时评文给我看，作为素材积累？"妈妈倒也答应得爽快："得，没问题。有求必应。"

当我毕业整理物品，收拾出那半米多高的A4纸时，我和妈妈都笑着感慨，没想到早餐桌上的几句话成为这么久的承诺。我妈妈当真每天打印两篇时评晚上放学给我，比我还持之以恒。这造就了我高三作文分数对他人质的碾压，使我在高考中得到满分成绩，也让我在无竞赛条件下，拿到了"语文报杯"省级一等奖。我会忘记那么多次考试纷杂的作文题目，但满分高考作文我能骄傲半生，且这份素养伴随着我，给我今后的生活都提供着偌大裨益。

明确目标之后的我，不再是单打独斗的个人战斗。但这不能让我一帆风顺，生活还是起起伏伏。每次我失落、伤心、流泪时，我都躲进教室对面的数学办公室，数学老师像安抚受伤小兽一样摸着我的头，让我哭个够。班主任的休息室也向我敞开，房间柜子的一角甚至专门放着缓解我痛经的红糖和暖贴。我还是脆弱的，但不再无助，我也渐渐和同学打成一片，融入了集体。当时我们班级还有一个很有意思的测试，就是看我能不能叫对某一个同学的名字，他们常常戏称我是鱼的记忆，只不过是一只沙雕鱼。还是会有外班同学来班门口看我，这时门口的朋友总会大笑着，"一只沙雕鱼有什么好看的"。我俨然成为快乐的符号，还会大叫着"我是好看的！"

我越来越相信运气守恒论，在我每一次接受不理想的成绩时，我都会安慰自己，我这是在为高考积攒好运。所以，即使我一模、二模、三模只有六百四五十分，全市排名最坏掉到70名，我也能做到快活地跟年级主任打趣："如果我高考一飞冲天了，记得把我的故事讲得励志一点。"毕竟，在我们那儿这个分数和排名只允许我上一个一般的211大学而已。"北京外国语！"我学会了笑着回应。但只有我知晓，我的快乐是肤浅的表象，只是配合旁人的出演，我依旧是那个要强的姑娘，屏住一口气，一定要活出个样子。我嘻嘻哈哈的外表下，那个内心的信念从不曾熄灭过，我每天抚摸桌上的话："孜孜矻矻岂肯休。"

清华的自主招生，我没有通过笔试，这是意料之内的。我没有资本去和竞赛大佬竞争。但清华给了我赴京的初试资格，已经足够给我鼓舞，这是一种理想对我的肯定。我是认定了的，我一定要上清华。我是相信的，我一定会上清华。我会通过最普通的高考，登顶自己18岁的巅峰。

但这是理想，不是现实。直到放榜查分的那一刻，我都没有十足的把握，说自己能成为那个实现目标的幸运儿。我不敢面对，我怕功亏一篑，我怕努力付之东流。轻松和庆功是事后的话了，当时的我只有紧张和畏惧。但庆幸的是，运气真的守恒，我真的做到了。最后一次回学校时，碰到年级主任，他笑着拍拍我的肩："可有意思了，数学办公室都在问那个清华的学生是不是天天来我们这儿哭的那个姑娘。"那时的我终于如释重负："那就是呗。"我打趣时带着轻松的微笑。

蔡其矫有言："宁做沥血歌唱的鸟，不做沉默无声的鱼。"一路走来，我和我的老师、父母都有一股韧劲、一种不达目的不罢休的决绝。在温暖和泪水交织中，我想，我终于成为我自己，我赢得了认可。这种认可不再来源于他人，而是自己内心的坚定。不再因为一次失败而惶恐不安，不再因为细枝末节患得患失，不再用别人的目光和标准去衡量自己，我赢得的是自身的认可。

值得一提的是，我的衡中好友最终去了天津大学，帝二好友因3分之差成了复旦的一员，令人唏嘘出身并不能决定结局。当然，考上大学不是解脱，是一个新的起点。不论归宿何处，每个人都会有绚烂多彩的新生活。只不过，在那个盛夏，我终于摆脱了长达三年的自卑和阴影。我会在北京开始新的未卜篇章，即使道阻且长。

我终于又变回了那个意气风发的少年，在水清木秀的清华园。

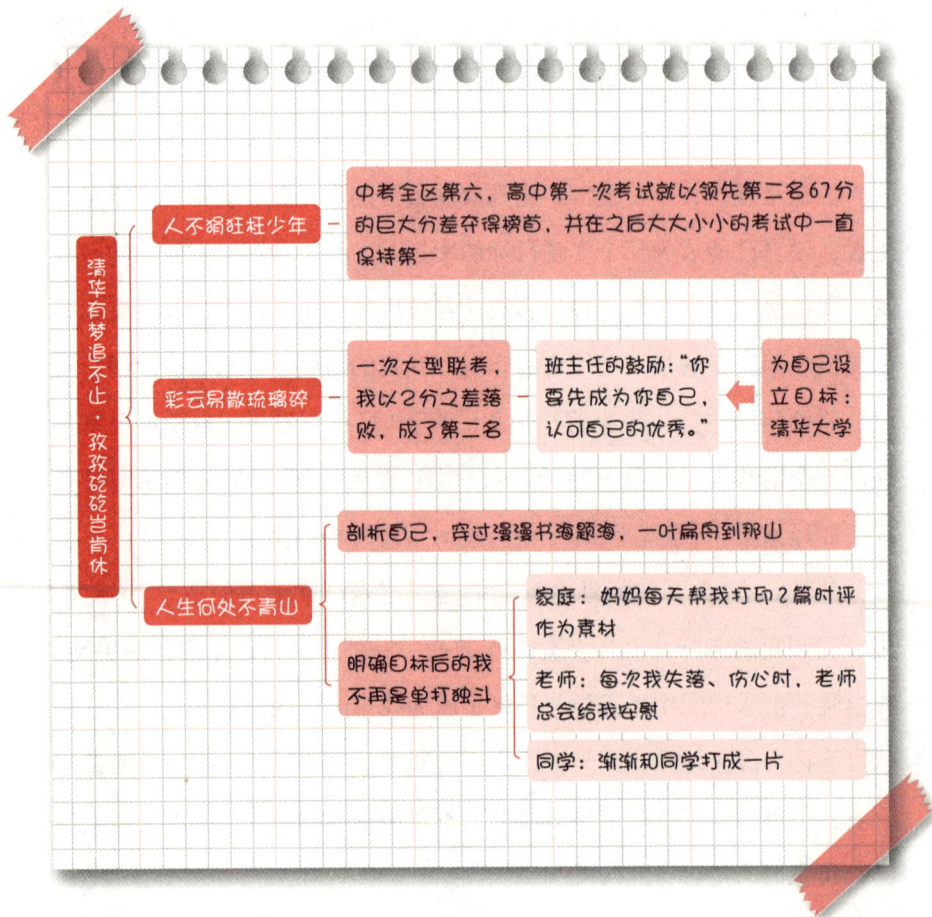

清华有梦追不止·孜孜砣砣尽肯休

人不猖狂枉少年 —— 中考全区第六，高中第一次考试就以领先第二名67分的巨大分差夺得榜首，并在之后大大小小的考试中一直保持第一

彩云易散琉璃碎 —— 一次大型联考，我以2分之差落败，成了第二名 —— 班主任的鼓励："你要先成为你自己，认可自己的优秀。" ← 为自己设立目标：清华大学

人生何处不青山 —— 剖析自己，穿过漫漫书海题海，一叶扁舟到那山

明确目标后的我不再是单打独斗 ——
家庭：妈妈每天帮我打印2篇时评作为素材
老师：每次我失落、伤心时，老师总会给我安慰
同学：渐渐和同学打成一片

学霸阅读笔记

阅读打卡

新的收获

小 结

03

学科突破篇

每天我们能够

用来学习的时间

也不过10个小时左右

却要同时学习9门学科

平均到每门课上

也就只有1个小时的学习时间

方法，便成了

我们高效学习的

制胜法宝

用对了方法

我们在每一门课上做的努力

都会在高考这张试卷上

画上完美的句号

语文是个玄学学科？
不，做到这些你也可以130+

陆泉宇

高考总分：668　语文：135

毕业与吉林省辽源市第五中学

就读于清华大学新闻与传播学院

> 高考语文最大的"坑"是【课本编写逻辑】与【考试命题逻辑】的不一致。
>
> 三招让你的高考语文不掉"坑"：逻辑剖析——能力拆解——对点突破。

很多同学在高中的时候或许有这样的感受：语文这个学科，好像天生就和别的学科不一样。当我们说到数学、物理、化学这样的学科的时候，往往会认为，这个东西学会了，考试的时候就能拿分，"知识点"和"分数"是一一对应的关系。这种"只要学会就能拿分"的性质，让我们在学习时会有一种安全感——只要我有了一分耕耘，在考试卷上就一定看得见一分收获。

但语文这个小妖精它不一样。我上高中的时候很明显有这样的感觉——老师上课的时候，是按照教材上课文的顺序一篇一篇来讲的，从什么《烛之武退秦师》《荆轲刺秦王》到《祝福》《记念刘和珍君》……可是，课文老师是带着我们一字一句地分析完了，我们似懂非懂地也理解了，但——考试它不考这个啊！它考什么论述类文本、成语病句以及一堆没见过的文言文、现代文诗歌……这谁也顶不住啊。

说对了。语文这门学科，它本身最大的"坑"在于，它的【课本编写逻辑】与【考试命题逻辑】是不一致的。如果不能尽早了解到这一点，我们将会在语文试卷日复一日的打击中，逐渐怀疑自己对于语文学科的学习能力，产生著名的灵魂三问——我是谁？我在哪儿？我还能学会语文吗？

虽然前两个问题我也无能为力，但是关于第三个问题——"我还能学会语文吗？"相信你看了下面的文字之后，可以给自己一个满意的答案。

逻辑剖析：分析试卷，从命题角度到能力角度

这个标题看起来很玄，不过表达的意思很简单。也就是说，在语文试卷这个命题逻辑和教材内容看起来没什么关系的情况下，我们可以先

战略性地放下教材（注意不是完全抛弃教材），研究一下，高考的语文，它究竟想要考我们什么。

与其他学科不同，语文作为一门语言类的学科，它想要考查的不仅仅是其他学科所侧重的【知识】，更是我们对这门语言进行运用的【能力】，这种能力要求我们能够在所学的有限的文本的基础上，进行举一反三的类比与拓展，并运用之对新的文本进行分析与解读。而这种能力，恰恰是我们绝大多数同学们所不具备的，也是语文学科之所以被认为"难"的根源。

那么，这张语文试卷究竟要求我们什么呢？我们以全国卷为例。

首先是一篇论述类文本，三个选择题；接下来是两篇现代文（文学类文本、实用类文本）；然后是文言文、诗歌；之后可能是全卷最简单的部分：诗句默写；再下来是一些语言表达运用的小点，如成语、病句、排序、句子填空，等等；最后是一篇60分的作文。

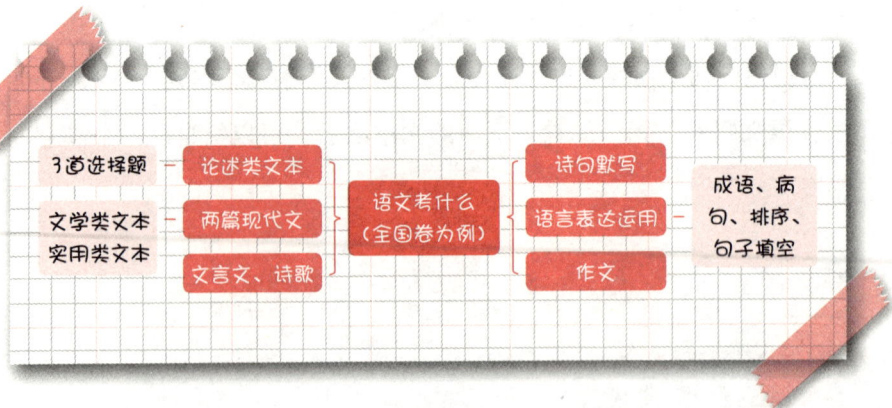

怎么考都是这些题，对不对？如果把它们进行一个粗略的分析，其实我们可以认为，它所考查的除去默写之类的硬性知识积累，主要无非是【阅读】和【写作】两大块。论述文、现代文、文言文、诗歌，乃至于后面小的排序题……主要考查的都是阅读文本的能力，即信息输入的能力；而作文，以及答题的过程，可以视为考查的是写作能力，亦即信息输出的能力。仔细想想，学习一个语言无非也就是如此——能不能看懂文字含义、能不能听懂别人说话，以及能不能把自己表达清楚？

能力拆解：它具体想要我们做什么

即使说到了阅读与写作能力，相信你依然是两眼一抹黑——说这有什么用呀？别急，接下来我们要做的一步是【能力拆解】，也就是按照题目的不同类型，来对应其所需要的不同能力。

首先，我们从阅读说起。如果把阅读文本再笼统地分成两类的话，我想大部分人会说文言文与现代文。没错，文言文与诗歌可以归为"文言文本"的行列，而其他如论述类文本、文学类文本、实用类文本等，都可以打个包统统扔进"现代文本"的范畴。

针对文言文本，想必很多同学已经在"看懂它的字面意思"这一步上犯了愁，因为它考查了你对文言文这一文章形式的熟悉程度，也就是文言文本的阅读能力。有的时候，它还会在文中涉及一些古代的文学常识、文化常识，这些同样是考查的重点。

而针对现代文本，不同文体也有不同文体的考查侧重。就拿同学们避之不及的"玄学"论述题来说，往往有同学会问："这四个选项都是对的啊？"其实它考查的是原文对应能力——选项中所说的与你找到的原文是否在表述上可以替换；以及逻辑能力——你是否能够捋清楚文章中进行论述的逻辑脉络，具体到某一语句的逻辑表述是否正确。而文学类文本自有一套答法：散文的结构、内容、手法、感情；小说的人物、情节、环境……这就考查你对它的这些所谓"考点"是否能够精准掌握；对描写手法、抒情手法、情景关系这些重要的知识点是否有过专门的学习与训练。以及，即使知道了这些东西，能否在作答时把它们清晰合理地答在答题卡上，让阅卷老师一眼抓住主次。这些能力，都是需要训练的。

上述内容，可以比较简练地概括为一张图：

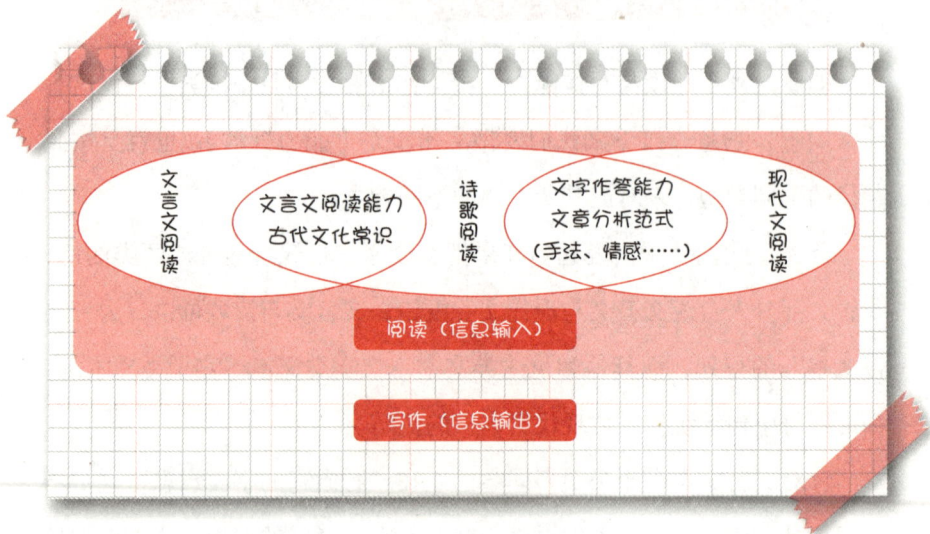

好了，带着这张图，我们可以进入真正开始"对症下药"的下一个环节了。

对点突破：功夫在"师"外，修行在个人

我们在上面已经把一张语文卷拆解成了它想要考查的各种能力，那么接下来你可能要问：这些能力，应该怎么去培养呢？

在我看来，上面提到的这些，语文试卷中所考查的东西，可以从学习难度上分为两种，其中一种就是知识型、技巧型的，可以短期学会的东西。比如说，可能你从来没有接触过小说答题的一般模式，没有了解过人物、情节、主题、环境等小说答题的基本术语，那么你在作答小说题目的时候就必然要吃亏。这些基本的术语与答题模式就算是知识型、技巧型的，那些基本的术语与知识点，和数理化里面的某个知识点没有什么不同；而针对某种提问方式的答题技巧，也与理科针对不同题型的答题技巧没有本质区别。这些都是相对容易拿下的东西，如果需要在短时间内快速提升分数的话，尽快想办法对这些东西进行掌握当然是"性价比"最高的方法了。

那么你可能又要问了：这些东西，老师又不讲或者讲得很少，怎么去掌握呢？这就要看我的小标题了：功夫在"师"外，修行在个人。数理化大家都知道自己刷题是有用的，刷了能见成效、能出成绩，但往往一到语文就觉得：这东西刷题能刷出来吗？我可以负责任地告诉你：能，但前提是要讲方法。咱们刷题的目的，无非是为了巩固学得不牢固的知识点，或者熟悉不同的命题方式等，但前提是你先要对知识点有基本的了解。如果你对要考查的知识点有哪些都是一知半解，还两眼一抹黑盲目刷题，肯定是不行的。那么，问题来了——哪里有我们高中语文需要的所有知识点呢？

薛金星的《语文基础知识手册》（高中版）你值得拥有。翻开它，看看目录，你就会发现，这本书何止是工具书，它简直是针对考卷量身定做的教材，它真的是按照知识点、考点进行编写的。文言文翻译考查实词、虚词，这本书里就详细给你介绍实词、虚词；诗歌鉴赏考查修辞手法、表现手法，这本书里一个一个手法给你讲得清清楚楚、明明白白，堪称自学宝典。

那么如何利用这本书来自学呢？

首先，选择语文考卷上的一个模块，比如文言文。我们就用理科的刷题逻辑来对付：第一步，我们先打开这本手册，然后找到里面所有和文言文相关的部分，认认真真看完，并做好笔记。如果这些知识是老师上课未曾讲过的（这有很大可能），自学的过程中尤其要有耐心。第二步，拿出一本文言文专题卷（比如《高考必刷题》），开始精做每篇文言文。在做翻译的时候尤其要认认真真按字对照，这个实词、虚词、句式是不是见过的？在基础知识手册里是不是提到过？做完之后红笔批注，如果某个地方做错了或是没做出来，是这个知识点没见过还是马虎了……做它几十篇，这样下去以后再做同类型的题目肯定下笔如有神。当然，除此之外，也可以寻求一些其他资源，比如说一些网络平台上都有很多很不错的免费网课，大家可根据自己的需要去听，不过需要注意几点：一是真的知道自己需要学什么，去"对症下药"；二是挑选一下课的质量，别听质量太差的；三是管住自己的手，别上着上着就去玩别的了。

现在看这个逻辑是不是特别清晰？学习知识点—做题—批阅，其实就是这么个流程，和理科一模一样。上面举例子用的是文言文，其实诗歌、小说、论述文，等等，都可以用同一个套路解决。所以说，语文不是玄学，也不是洪水猛兽，没有必要对其学习感到困惑无比。

　　如果你还记得我前面说的，考查的东西分两种，一种是这种短期内能掌握的知识技巧，可以通过自学并刷题来完成。那另一种呢？另一种，就是真正的所谓"能力"以至所谓"底蕴"的东西了。比如说，假设说你是书香世家，家学渊源浓厚，小时候天天被父母逼着背诵学习四书五经，现在自然一肚子墨水，做两篇文言文不在话下。这种东西需要长时间的积累。当然我知道，对于高中生来说很难再挤出时间留给这种积累了，不过也好在如果你能把上面提到的短期可以"修炼"成的知识与技巧搞定，分数已经可以达到一个很客观的程度了。如果你平时积累真的比较薄弱的话，建议可以买两套《中国文学史》看看，效率可能相比于把各大名著通读一遍要来得快很多。

　　总结来说，语文学习其实是一个可以很有章法的过程，重点是你知不知道这个章法，以及你愿不愿意照着这个章法去做。高三一年，我抱着一本《语文基础知识手册》，可以说语文基本没有下过130分，最高的时候达到过144分（当然里面也有老师改卷比较松的缘故）。不管怎么说，希望同学们能把学习真正当作自己的事情，把语文学习重视起来、有章法，有条理地去学习——那么，学好语文，真的没有你想象的那么难。

学霸阅读笔记

阅读打卡

新的收获

小　结

总是被遗忘的语文应该怎样学

张　琦

高考总分：566　语文：139.5

毕业于内蒙古自治区鄂尔多斯市第一中学

就读于清华大学人文学院

> 打开语文的正确方式：
>
> 重视语文；端正态度；扎实基础；掌握技巧。

被遗忘的"主科"

　　语文是一门与母语紧密关联的课程，几乎世界上所有国家都会为学生开设与母语紧密相关的语言课程，不仅因为它是日常生活中每时每刻都要使用的工具，还因为其作为民族凝聚力的内在象征成为一国的国民所必修的责任。在幼儿园时期，甚至从刚出生开始，我们就或多或少地开始被动接受语文的教育，而九年义务教育从开始阶段就要求必须掌握一定的语文知识，这是普及识字率、提高国民整体素质的有效途径。为了弘扬民族文化，近几年教育主管部门更是重视语文教学，加强语文知识在整体考试中所占的比重。

不过正是这样一门在人们日常生活中使用、被教育主管部门特别重视的学科，却往往不被学生们所重视。在我的印象里，高中阶段大家并不怎么学语文。一方面，习焉不察的心理使学生们认为与其把时间花在语文的学习上，不如用更多的时间去攻克"非日常语言"的英语、"抽象语言"的数学等主科上，而且因为语文试题的主观性太强，无论是刷题还是背作文，都无法保证语文成绩的提高，付出与收获不成正比的事情想必是大多数人不会做的。

在我当年的高中学习环境中，似乎从未见过有人认认真真地去学习语文。除了必要的背诵外，大家找来课本、习题，总是毫无头绪地乱翻几下：古文全凭"文气"疏通，作文也是"起承转合"一个文法套路应付万篇，以致出奇地，无论是成绩好的还是不好的学生，语文成绩几乎在一个水平线上徘徊。那时同学们中间经常有这种想法："主科就要学好数学、英语，语文这种科目是不需要学的！"好多同学对语文学习抱有一种无所谓的态度，一门占有相当比重分数的主科就这样消失在高中生的日常中，被"遗忘"了！

语文学习的态度

进入高中伊始，和大家的态度一样，我也毫不重视语文学习，觉得努力不努力，大家考的分数也差不了太多，根本没什么可以拉开分差的空间，所以只是按照老师给的要求，背背课文、写写作文就好。大氛围如此，我自己也觉得其他科目在课余学习中找人辅导一下，或者自己参考教辅书复习，都能有一些成绩上的提高；但语文的情况就很尴尬，既缺乏教育机构、辅导老师的辅导，教辅书上的资料也没什么大用，自己没有有效的学习途径，因此高一时我一点也不重视语文的训练。

不过，我要强调，任何学科要想学好，态度端正是先决条件。我也是因为很多学习生活中的小事，才转变了对待语文学习的态度。

首先，我在高一时有幸遇到了一位全校乃至全市颇有名气的语文老师，看似巧合，其实也是自己认真听课后才意识到她的魅力。这位老师的授课有一个特点，就是以课文为主轴，穿插许多课外的语文知识，内容特别丰富多彩，甚至部分知识她会要求我们当成主要内容记录下来，这在客观上也是逼迫学生接受一些课本之外的东西。

其次，主观上，可能是随着年龄的增长，我渐渐发现自己喜欢写作，喜欢上了文字表达的魅力。我想具有内向性格一面的人多多少少会具有这样一种取向，只是有待开发。这位语文老师经常要求课堂习作，但并非主观发挥，而是半命题式的，这种方式既给了学生自由发挥想象力的空间，同时也作了约束，训练学生抓主题的能力。我在这些作文训练中越写越有点模样，老师也经常会展示好的文章——这很能提升人的自信心，我就是因为自己的文章经常被展示，而有了学好语文的决心。记得高一接近尾声时一次作文训练老师为我的作文批注："你的作文已渐入佳境。"

这里，我更强调的是，改变态度最重要的还是发挥主观能动性的力量。倘若没有遇到名师，不如利用现在的科技手段，多看看网上名师讲课视频（高中名师的网课视频、各大学的公开课以及网络音频），哪怕仅仅是为了学习人文知识也好。另外，自己尝试就身边某些感兴趣的主题多做一些记录，充分发掘自己的潜能。哪怕是时间不充裕，也要尽量紧跟老师布置的作文，写好每一次习作。

何谓语文基础？怎么打基础？

现代人把"语"和"文"结合起来，使其成为一个狭义的词，"文"也逐渐成为日常生活中的一种工具。与"文学"（literature）这一概念不同，古代人的"文"意涵复杂，乃至有经国纬业的大意义在内。考试的题目中大多数古文所表示的含义可不仅仅是很多人理解的"文学作品"的含义，这些题目只不过是把原作者结合当时客观实际所表达的主观想法抽离语境以后产生的，单单从字面上去理解语文试题中的这些材料，是主观性极强的理解，未必切合"作者的主观意图"，更别说当时的语境。同样的道理，作文，也是考生自己主观创作与题目客观材料、客观要求的结合体，我们暂且只需注意到这一点——主、客结合。很多人写作文不顾主题，自由创作，固然是"作文"，但在高考作文中，写作表达必须符合读者（出题人、阅卷人）的审美、理智需求，才能被理解。自由"作文"，不会被阅卷人理解。

以上所说的一般材料性题目和作文，都是需要同学们注意主、客因素的（至少这两点）。主是自己的感受，也是当时那个文章作者的感受（相对于作者来说我们是客）；客是出题人、读者，甚至是自己。在这里大致可划分出来四个层次：主的维度上，我是一个层次，材料原作者是一个层次；客的维度上，出题人与读者是一个层次，材料原作者的对话对象又是一个层次。分清这四个层次，是我们理解文章真实含义与表达主旨的关键。因此，我在语文素养的积累上有如下一些建议：

首先，要多阅读，这里说的阅读并不要求多读、精读，阅读的数量和深度都不是高中生阅读的重点。重点在于培养自己的哪怕一点点的兴趣，这个就是在丰富"我"的层次。个人的主体经验毕竟有限，想必没有多少高中生是见过无数大世面、走过许多大风浪的人，所以只有通过阅读其他"原作者"的经验来丰富自己，或者仅仅是为了知识积累，这样才更容易理解文章的表达意图。很多同学存在的误区在于为了积累作文素材，或者掌握更多的命题材料，就去翻看各类教辅书，但没有意识到这些教辅书的素材也都是将零碎的知识拼凑起来，甚至几乎没有什么系统性，同样是抽离了"原作者"面对的客观环境的素材，而看这些所能得到的仅是一些词句的积累。另有一些家长，喜欢助力孩子读书，这是好事，不过请千万要让同学自主选择，而不是像诗词大集合一样灌输一堆记忆性、知识性的东西。要知道，好的并不一定在多的里面，自己有深刻体会、喜欢去钻研的东西才能成为一己所得。所以，阅读上我的建议是多去看，但是要脱离庸俗并独立自主地看。

其次，要勤记忆。所有基础知识都是靠一定量的基本记忆才能进一步提升。但我认为，除了课本上必须背诵的那些考试篇目，可以尝试找一些与之相关的或自己喜欢的一些小文章和小段落来记诵。熟悉是理解的前提，只有当我们把一些文学世界里的常识通过自己的记忆慢慢汇聚到一起的时候，才会不自觉地发现文学上一些共通的东西，这样才能使我们加深对"原作者"的理解，帮助我们去认识"客"的层面。

上述两点虽说是老生常谈，不过在此我用自己的经验、理解来指出其效用，在叙述的过程中也提出了一些可以避免的误区，希望同学们能少走一些"老生常谈"中的弯路。

语文试题的难点与解题思维

语文试题大致可分为三类：记忆题、阅读理解题、创作题。第一类题目无须多言，就是考查基础知识是否掌握到位。这类知识大多来源于课本，少部分来源于课外，大体来说，掌握了课本中要求记忆的部分就没有多大问题。

第二类是阅读理解题，包括古文和现代文。上一节我一再强调过理解文章的重要性，原作者针对所处的环境，写出了某某文章，这是一种完整的表达，如果考生读过并理解了文章，那可以说在考试中就是完全掌握了"原作者"的主、客因素，其作答就完全没有问题——这需要靠相当的积累，一般积累不足的同学不能在短时间内理解文章。不过没关系，我们除了记忆之外还可以靠逻辑推断，比如说你虽在以前没见过这段材料，但看过类似的文章，那么就可以推断出这篇文章讲的是什么意思。说实话，我就恰巧在高考考场上遇到了一道古诗题，虽然我没读过当时题目中的那段材料，但我读过相当多这个作者的作品，了解了其身世与其经常表达的主题，所以很轻松地就疏通了诗意。如果再不济，自己没有丰富的积累，不知道"原作者"有哪些类似的经验，那么我们还可以通过客的另一个层面——出题人的角度思考问题，即出题人给的材料和其提问都指向了我们学过的哪些知识点，把所知的以及和题目能对应上的知识点都答上去。在作答过程中，必须时时注意材料里的"主"与"客"，感受"原作者"想表达的：他的用语与主观感受的联系、"客"的环境、"客"呈现的情态、"原作者"与客的关系。这些都需要考生既带着自己的认识又抛弃自己的认识，来深入理解文章材料。

第三类是创作题，包括让考生写一些自己理解的题目以及作文题。拿作文题来谈，根据我的做题经验，对作文给出的命题材料一定要向做阅读理解题一样理解，在充分理解材料的基础上，再开始表达自己。作文的核心是思辨，其次才是文采。很多同学在阐述自己观点时总是带有"偏见"，即通篇抓住一点去谈，这样是最掉分数的"作"法。好的文章一定要制造一些"矛盾"，并试图对不同思想、观点作出自己的尝试性的理解，才算是有灵魂的。而文采，恰恰是锦上添花的东西，如果能抓住材料与文章思辨观点的核心特征，再作象征性的比喻和阐释，就能得极高的分数。

被遗忘的语文应该怎样学

被遗忘的"主科"
- 学生们更愿意花时间攻克"非日常语言"的英语、"抽象语言"的数学，认为语文试题主观性太强，付出与收获不成正比
- 古文全凭"文气"疏通，作文也是"起承转合"一个文法套路应付万篇

语文学习的态度
- 任何学科要想学好，态度端正是先决条件
- 充分利用师资（高中名师网课视频＋公开课＋网络音频）、多练习写作

语文基础
- **多阅读**：不要求多读、精读，培养自己的兴趣，丰富"我"的层次
- **勤记忆**：背诵自己喜欢的小文章、小段落

语文试题重难点与解题办法
- **记忆题**：基础知识掌握
- **阅读理解题**：
  - 古文
  - 现代文
  - 记忆＋逻辑推断
  - 原作者角度　出题人角度
- **创作题**：
  - 作文的核心是"思辨"
  - 抓住材料与文章思辨观点的核心特征，再作象征性的比喻和阐释

学霸阅读笔记

阅读打卡

新的收获

小　结

数学武林秘籍
——我的增分宝典

雷瑞清

高考总分：699　数学：145

毕业于陕西省西安市铁一中学

就读于清华大学能源与动力工程系

> 三年造理综，九年树英语，十二年铸数学！厉兵秣马，考试题型逐一攻破，数学高分不在话下。

　　对于数学这一学科，从初中到高中，我从一开始的充满自信、跃跃欲试，到经历挫折、蛰伏思索，再到不够稳定、时常翻车，到最后的游刃有余、庖丁解牛（高考数学145分）。这一路走来有很多问题阻碍着我：数学在理科四卷（语文、数学、英语、理综）中究竟占据着怎样的地位？在日常复习中应当如何分配数学所需的时间？简单题是否需要练习？难题要怎么练？如何有效地刷题？刷完题如何反馈（做笔记）？临考如何进行最后的复习？到了考试的时候，发卷后的前五分钟（不能动笔的时间）该做什么？选择题和填空题共分配多少时间？大题哪些题的分要稳拿？哪些题要得分的同时注意节省时间？在不该出现难题的地方遇到了不会做的题怎么办？在和数学"周旋"的六年之中，我逐渐解决了这些问题。下面，我将给大家介绍在高考数学的背景下这些问题的解决方案。

厉兵秣马，精确打击——考前

　　对于理科生而言，数学是最重要的两科之一（另一科是理综），虽然分数不多，但是数学的区分度极高，甚至很容易分差比理综还大（理综真正拉开差距的也就是物理那110分），而且容易一招不慎满盘皆输（一道大题开头一错就12分）。所以，我们评价某一理科生的理科素养高低，往往就是看该同学的数学成绩（最多加上物理成绩，所谓数理不分家）。而且，数学具有基础性和思维性的特点，即数学的优秀可以有效地提升理科的思维能力，从而作用于其他学科（尤其是物理，再次强调数理不分家），而数学不好的同学，往往理科思维相关的课程都会吃很大的亏（甚至语文都会受到波及）。所以，我们在日常复习中要投入很多的时间来复习数学。按照我的习惯，理综和数学应当占据相同的时间（写完作业后的自由复习时间：40%固定理综，40%固定数学，10%摇摆于数学理综之间，10%学习语文、英语）。作为理科生，我们的武器可以总结为两个字：刷题。终极武器可以总结为三个字：多刷题。刷题一般分为两个步骤：一是做题并对照答案进行更正，二是反馈到小本上并以此为据调整刷题计划。这两个步骤对提分都是至关重要的。下面给大家分别介绍各题型的做题攻略和做笔记的方法，其实也就是大家俗称的刷题攻略。

选择题和填空题

大家往往习惯把选择题和填空题作为一个整体，简称"选填"，高考全国卷有12道选择题（共60分）、4道填空题（共20分），总分值占整张试卷的一半以上，但是我们不能把考试总时长（2小时）的相应时间（60分钟）全用在"选填"上，需要进行时间上的压缩。一般来说，正常花费在一套"选填"上的时间大约为40分钟。所以我们在日常练习中，一套"选填"的时间不能超过这个时间标准。从这两种题型的本质来看，它们都属于不要求呈现任何做题过程和思维的题目，而且在一套题中，难度可以天差地别。往往我们会在选择题的第11题和第12题，还有填空题第16题上花费10分钟左右的时间，这是正常的。

"选填"关键在于方法！我们需要在尽可能短的时间内做出正确答案，所以选择便捷迅速的计算方法尤为重要。简单来说有几条原则。首先，能背公式就不推理（例如圆锥曲线切线方程、三角形面积海伦公式），很多公式课本上没有出现过，但是需要我们自己进行积累，偶然在做题过程中遇到或者老师讲到的书本外的推导公式，就用小本记下来、背一背，关键时刻能省5分钟的时间。其次，能用排除法就不计算（如椭圆离心率的题目，四个选项有三个＞1，那么就不需要算了）。如下图的题目，就能够很好地应用排除法来做（排除②③，直接选C），方便快捷，节省时间。

关于函数 $f_{(x)} = \sin|x| + |\sin x|$ 有下述四个结论：

①$f_{(x)}$ 是偶函数　　②$f_{(x)}$ 在区间 $\left(\dfrac{\pi}{2}, \pi\right)$ 单调递增

③$f_{(x)}$ 在 $[-\pi, \pi]$ 有4个零点　　④$f_{(x)}$ 的最大值为2

其中所有正确结论的编号是（　　　　）

A.①②④　　　　B.②④　　·C.①④　　　　D.①③

再者，能少算就少算。如果遇到有些题能够得到一个方程，那么就可以分别把答案代进去寻找合适的选项。最后，能巧算就巧算，不要循规蹈矩。仍然以圆锥曲线为例，计算弦长时，极坐标方程永远比直角坐标方程更加方便快捷，所以我们需要记忆好各种圆锥曲线的极坐标方程。总之，"选填"题目，在保证能得到分数的情况下，能省时间就省时间（填涂答题卡时间除外）。做完题对答案反馈的思路也应该是这样的，即使做对的题，如果做的过程中花费时间太多也应该录到错题本上，以学习快捷方便的计算方法。做错的题如果是算错的，方法没错，就再算一遍，但不要记进笔记里（笔记一定要精）。另外就是刚刚提到的，将有用的常见的推导公式（自己没记住的）记在小本上，作为数学学科的积累。

送分三大题（17、18、19题共36分）

先说说这三道大题分别是什么：17题是有关三角函数解三角形或是有关数列的题目（前者的可能性较大），18题一般情况下会是概率和统计相关的问题（有时会和19题对换），19题是对立体几何部分内容的考查。这三道题有两大共同点：第一，难度低，一般以考查公式为主，公式牢记的话，即使方法选用有失误（走了弯路），也能算出答案；或者计算方法极为固定（例如立体几何的向量法）。第二，计算量大，不论是第17题可能考查到的余弦定理和较为复杂的线性三角函数，或是第18题的各种复杂的计算相关性和进行线性拟合甚至是列树状图的计算（概率题），还是第19题常常存在的计算空间平面的法向量、计算几个向量的夹角，都存在着很大的计算量，而且其答案往往具有不规则性（第19题算出余弦值为 $\frac{9\sqrt{47}}{77}$ 是有可能的，更不用说18题各种复杂的 x^2 和更为复杂的线性拟合的两个系数）。这两大共同点决定了这是三道至关重要的题目，难度不高但计算繁复。这三道题是数学高考大题的基底和下限，对熟练度有着很高的要求，是一定要稳稳地拿下的（对于有更高追求的同学，要在拿到36分的同时尽量节省时间），要想稳拿分，就需要大量地练习，但这三道题很少有值得记进笔记本的错题，如果有，也可能只是17题出场率较低的数列题，或是18题是难度比较大的概率计算题。总之，这三个题不需要大量地记笔记，但是要刷题练习，对照答案，算错的题重算（重在练手）。

选做题

目前数学的选做题是坐标系与参数方程、不等式二选一，首先要说明的是，如果希望在高考中考出好成绩，数学和理综的选做题都需要全部掌握，以提供更多选择的可能。更何况坐标系与参数方程和不等式在数学试卷前面的题目中同样是有运用价值的。对于这两道题来说，我的建议是先看不等式，如果在很短的时间内能看出不等式题怎么做，就写不等式（因为不等式的特点是思路难，但写起来非常简单，而且不容易出错）；如果短时间内不知道该如何下手、没有头绪，就要果断放弃，转向坐标系与参数方程——这道题计算较为复杂，但是思路简单（可以说是弱化版的圆锥曲线题），会花费较多的时间，但是得分下限低，比较稳定。

难题（第20题圆锥曲线，第21题导数）

首先要说的是2019年属于高考"不按套路出牌"的一年。一般来说，概率与统计题不会出现在考卷的最后一题，最后一题应当是导数的位置，从难度上说也应当是导数最难。下面先说圆锥曲线，这道题的特点在于上手容易、算答案难，我们都知道要联立方程，都知道要利用韦达定理，但之后的处理就十分需要技巧，也是需要大量积累的，刷这种题的目的既在于大量的练习（圆锥曲线计算量全卷之最），又在于要大量地见识处理方法（有可能会遇到很多不等式的相关知识），算题手段，抑或之前提到过的要背那些推导出的有用的公式（过焦点直线的弦长公式、切线方程，以及关键情况下可能用到的极坐标公式），圆锥曲线对于一般的同学而言，要至少得到 10 分，也就是说第二问的关键方法要对，尽量算出答案（12 分）。然后是导数，导数题作为数学高考传统的压轴题，其对思维、计算和抽象能力的要求非常高，即使是水平顶尖的学生，这道题也不要过于追求满分（浪费时间），10 ~ 11 分就是这道题的最高追求了。水平一般的同学，8 分就可以视作完成目标，不会拖后腿了。难归难，导数题是有套路可循的。

> 一般的计算链为：
>
> 构造函数（移项或者分离参数）→求导数→找导数的零点和正值域、负值域（找不到继续求导）→判定原函数的有关性质。

对于有比较高追求的同学，我推荐以下三个定理，会对部分导数题目有所帮助（但一定要注意在试卷上要写全定理的名字）：罗尔中值定理、拉格朗日中值定理、柯西中值定理。

计算一下我们理想的分数：选择填空要尽量全对保证最多错一个（75）+三大送分题要拿稳（33）+选做题不能有大错（8）+圆锥曲线（10）+导数最低（6）=132 分，这对于大多数同学来说已经不低了，这之中的增长点主要在于要尽量"选填"不错（137），选做题要做对（139），导数要得到8分（141），圆锥曲线要尽量满分（143）。

步步为营，得分至上——考场

众所周知，数学考试是在高考第一天的下午进行的，注意不要午睡太久！高考期间有一条极为重要的原则：作息和平时保持一致！平常早晨6点起床，高考就必须同样6点起床，平常下午1:30起床，高考就一分钟也不能多睡！午休后起来仔细看一看前面复习中记录的笔记（笔记要重点突出，考前时间可能只够看最重要的），不要犯困！这样既是临阵磨枪又是增加信心。到了考场上，先发草稿纸、答题卡，及时逐个写好自己的名字！答题卡填涂好基本信息！考前的5分钟，监考老师发下试卷，记住！不要心算题目！这5分钟是用来了解试卷的，大致浏览一下每一道题，心中对难度有一个大概判断，简单的题目应该已经想到解决方案了，哪些题简单、哪些题难、哪些题可能先要跳过、选做题做哪个，这时候就要有一个大体的感觉。在正式开考铃声响起后，建议按如下顺序做题：1-19、选做题、圆锥曲线、导数。切记顺序不要乱。

学霸阅读笔记

阅读打卡

新的收获

小 结

如何在数学的打击中沉淀与突破

徐 琰

高考总分：**657**　数学：**147**

毕业于广东省惠州市第一中学

就读于清华大学法学院

> 曾有人说过，得数学者得天下。此话固然片面，但也能看出来它在高考中所占的分量。因此，请从现在开始把握数学。

脚踏实地学习知识点

数学是那种入门容易却深造很难的学科，初高中数学书中的每个单元，通过自己的预习，似乎也能掌握基本的知识点，因而使一些身经百战的学子产生一种错觉：看完书就觉得自己掌握了一大半。这种错觉带来的后果很严重：首先就是，认为自己都明白了，上课不再认真听老师讲课，导致疏漏了老师补充的核心的知识点或者是易错的知识点；其次，就是觉得提前预习没意思，于是放任自流，结果导致听课效率低下。坦诚说，在高中的时候我是一个比较依赖老师的学生，不管自己会不会，我都会跟着老师的节奏走，并且一定会做好预习，所以在课堂上，我从来没有出现过跟不上的情况。

　　那么我们怎样提高预习效率呢？对我们来说，时间珍贵如金，晚自习能将该做的作业做完就不错了，哪还能腾出时间预习？在这里我来给大家分享一下我的高效预习方法。预习主要是看课本，但又不能只抱着课本看下去，这样太浪费时间。我首先会快速地看一眼导语，知道这一小节学习什么内容，因为例题比较简单，我就会把它当成习题来做，而不是只看。接着会看课本中总结的规律，思考一下自己能不能理解这些规律的含义，如果可以，后面书本的例题就可以当成练习来做。以上是看书预习法。我还有另一种方法——思维拓展预习法，这种方法适合基础比较好的同学。我直接跟着练习册的预习思路，只要知道原理是如何归纳总结或者推理得出，然后上手做几道练习册的课前预习题就可以了。当然每一种方法过程中都会有疑问，甚至做题可能卡住，没关系，自己打个问号，思考30秒，不会就放弃，上课跟着老师，重点听自己不会的问题。这样听课效率就会大大提高，预习时间也会缩短。每次上完课，一定会有巩固的对应练习题。在做练习题之前，首先要把老师今天讲过的知识点再过一遍，重点记忆规律和原理及其延伸的原理，然后再投身刷题大战中进行巩固。只要每一个知识点都能扎扎实实地学习下来，数学基础绝对不会差。

如何避免粗心丢分

我在前面强调过，紧跟着老师的节奏基础就会好，但是基础好了，如何避免不会因为自己的各种小失误而丢分呢？

第一，把每一次练习都当成考试。每次做完练习都给自己批改，并且不放过任何一个因为任何原因错误的地方。我个人认为，考试的失误与平时的失误大多是重叠的，如果做练习的时候经常出错，犯一些小错误，或者看题少看了个条件，或者两个答案只考虑了一个，又或者只是简单的计算错误，那么考试的时候也会出现对应的问题。上面所说的各种错误我都有切身体会，在经历了惨痛的教训之后，我决定不忽视练习中的每一个错误。如何才算是不忽视呢？并非做好之后对答案发现自己错了就一笑置之。我有一个错题本，正面记录那些不会做的题目，反面就记那些自己会、但是因为各种原因做错的题目。就这样坚持了一段时间后，我发现我的数学能力有了极大提高，做题也更加细心，练习时的错误率也大大降低了。

第二，记错题。记错题是一个很耗费时间的工程，尤其是当题目又臭又长的时候，常常让人失去记忆错题的信心，而且整篇地记错题，一段时间后，错题堆积成山造成压力，自己也不会看，也就失去了积累错题的意义。对于那些傻瓜题目——不需要抄题目，直接把导致错误的一步誊抄在错题本上，用标记提醒自己，尤其是计算错误。我有时会将2乘以3算成5，我就直接将这个记下来；再比如一个数的平方，如果只想到一种情况，我就会记下，平方有两个。笔记不需要别人看懂，只要简洁，节省时间，同时达到提醒自己的目的就行。

对于另外一种题目，就是我确实没有直接的思路可以得出答案，抓耳挠腮也想不出来的时候，我就会回顾整道题目，看看自己到底是卡在哪一步？比如一道圆锥曲线的题目，我不知道设哪个未知数，或者找不到等量关系，我就用红笔写出自己的分析，应该怎么设这个未知数，等量关系怎么找。这个分析是在听了老师或者同学的解答后得出的，不需要把整个过程写下来，记错题时千万不要直接抄答案，而是自己重新分析，记下关键的一步。同时，我为了节省时间，也不抄题目，就是等老师讲完了那一小节课，不需继续用那份练习题后，我就把题目剪下来，直接用胶水黏贴在本子上。试卷也是如此，讲完之后，我就把错题剪掉，所以我的练习常常"千疮百孔"。

还有，同类型的题目绝对不要重复去记，记了超过两道，就说明你只是盲目记错题。比如同样一道三角函数题，都是利用外角建立等量关系。看到这种题，一般就是直接根据条件做，如果一时没有思路，可以回想自己错题本思路，就能解决同类型的题。当然题目百变，需要自己把握解题的关键点，并进行分析。对于一些不常用的公式，可能做题时难以想到，但是只要经过一道题目就能够得到锻炼。因此错题本中也可将自己不熟悉的公式辅以一道练习题，不断揣摩。

以上是记错题的形式，那么如何系统地整理错题呢？千万不要一窝蜂地把错题都堆积起来，注意分类。我初中曾经做过厚厚的一本错题本，自以为自己很努力，可是记得太过驳杂，知识点混乱，而且内容太多，结果记了就没看过。因此，后来我改变了自己整理错题的方式，按照自己学习的顺序，以单元为单位，将错题归类。这样，在复习中我就能快速找到自己想要查看的错题笔记，提高了复习的效率。

第三，考前复习。数学考前复习常常让我陷入迷茫之中。公式似乎也记住了，书也没什么好复习的，不如刷题？当然不止。刷题功力在平时，一道导数题就要做半个小时，岂不是浪费宝贵的复习时间？考试前，我会把所有原理以及衍生公式复习一遍。这就需要自己有一个系统的笔记本，用来在每次考试前进行复习，考前绝对是最佳的复习机会。但是我们可能会觉得学习的东西越多，需要记忆的东西也越多，越到后面复习完成度就越低。不知大家有没有发现，越早学习的东西，记忆越牢固。这是因为一次次的练习与考试帮助大脑进行了知识点的巩固。因此在之后的考试，不需要每次都从头开始复习，直接从这个阶段学习的知识点开始看，如果有时间，再把前面自己的易错点和薄弱点熟悉一下就可以了。

第四，除了复习一个个知识点外，看错题本也是一个必不可少的环节。大多数同学平时都抽不出时间来看错题本，于是只能在每一次考试前突击。有时候也会因为自己错题本内容太多，就容易过于盲目，不知如何下手。所以错题本的整理就成了错题本的核心，前文已叙述过，此处不再赘述。错题本的复习其实也有规律，和笔记一样，集中复习这个阶段学习或者复习的内容。当然，每次考前我都会复习自己粗心大意错的题目，以提醒自己不要出现计算错误等不该犯的错误。

第五，考试中一边做题一边检查。许多人的习惯是做完所有题再检查，但是高中数学几乎没有做完的时候，除非是数学大佬才能在做完的同时留出时间检查。我在考试的时候一边做着题就会一边检查。如何一边做题一边检查？其实，如果是自己做的题目，并且用同样的思路，很难一下子就能够发现自己的错误。所以在考试中，我一般是逆向检查，就是得出答案之后，直接把答案代回题目的条件，看看能不能得出相应的结果；或者看看有没有两个答案的选项，想一想另一个答案有没有可能。同时，对于复杂的计算，从一开始就要小心翼翼，提醒自己易错的点，再着手做题。

另外，对于考试中做的笔记，我所在的高中是允许学生自己保留的。所以，这是一个很好的复盘机会，几乎保留了你考试中所有的思路和运算，对于事后回顾起到了很大的作用。因此如果你与我一样，可以保留自己考试时做出的笔记，那就可以尝试利用考试中的笔记分析自己的错题、整理思绪，一段时间后你就会发现这种方法妙不可言。

以上的所有经验，都是我在学习中花了很长时间进行总结，并且在实践中探索得出的。每个同学都有自己的小技巧，如果自己常常因为基础丢分，坚持以上方法，相信能够让长时间的粗心大意有所改正，行于人前。

在沉默中突破

从高二到高三的一年里，我不仅与数学作战，同时也与数学为伴。从看到难题磕磕绊绊、如履薄冰，到高考时沉静应对，突破自我。我也曾经是一个畏惧难题的人，可能现在也是。但是学习就是一个让自己不断突破自我的过程，我克服了畏惧心理，克服了看到众多复杂运算过程的厌烦心理，不断地突破自己，也在不断地进步。

我遇到了一位很好的数学老师，人很耿直，却粗中有细。他一直给我们找大量的数学典型题目，并且对所有题目一视同仁，在同学的唉声叹气后，是老师深夜对海量题目的精心筛选。他知道我们畏惧难题，于是在圆锥曲线和导数这两大部分，让我们练习了大量的题目。我们也从不敢尝试、不敢假设，到在练习中不断尝试、运用不同的方法解决同一个问题，甚至在同学之间得出多种算法之后还进行互相交流，每次六校联考，我们班的数学成绩都名列前茅。我们总结，老师让我们学会的是，即便不会做题也要敢于动笔，例如加各种辅助线，将每一个条件用到极致。在这个过程中，我们学会了自己分析，学会了从不同的方向思考问题，只有在分析过程中，才能豁然开朗。尤其是高中的数学题，大多数不能一眼就得出思路，只有先下手尝试，且行且思，方能解答。这段话的总结不是简单粗暴的刷题，而是如何让自己在题目面前冷静尝试。在高一高二时间尚算宽裕的时候，每两天给自己找一道压轴题，留出半个小时到一个小时的时间，去思考，去尝试从各个角度解决问题，再进行总结分析：为何这种方法不行？要从哪个角度切入？久而久之，就能做到遇到难题而不崩于色，能够锻炼自己越来越强大的内心，给自己建立自信。这是一种沉淀，带给你的不只是解决方法，还有勇气。

数学是一门有魅力的学科，即便我后来不再深入学习数学，也一直记得奋战在题海中的日子，就连我从小就粗心大意的习惯，也在备战高考过程中克服了。我细心专注，我攻克难关，成全了自己一直的坚持。因此，学习数学，一定要不断地坚持，以上的每一点，都贵在坚持。无论是整理错题也好，考试中规范笔记也好，还是预习复习做难题，没有一样是容易达到的。但只要你有心，成绩定不负你。

如何在数学的打击中淡定与突破

- 脚踏实地学习知识点
  - 对数学要有一个清晰的认识：入门容易却深造很难的学科
  - 走出误区
    - 看完书就认为自己掌握了一大半知识
    - 上课不再认真听老师讲课导致疏漏了老师补充的核心知识点或易错知识点
    - 不进行预习
  - 高效预习
    - 快速看导语，了解本节学习内容
    - 看课本中总结的规律
    - 思维拓展预习法

    直接跟着练习册预习，只要知道原理是如何归纳总结或推理得出，上手做几道习题就算是课前拓展预习

- 避免粗心丢分
  - 把每次练习都当成考试
  - 记错题
  - 考前复习
  - 除复习知识点，看错题本也是必不可少的
  - 考试中一边做题一边检查

- 在沉默中突破
  - 学习是一个让自己不断突破自我的过程，克服畏惧心理，克服看到众多复杂运算过程的厌烦心理，不断突破自己，不断进步

学霸阅读笔记

阅读打卡

新的收获

小 结

稳扎稳打，学习运用——
——英语提分的不二法门

陈佳苟

高考总分：700　英语：145

毕业于陕西省西安高新第一中学

就读于清华大学建设管理系

> 　　英语学习是一个漫长的积累过程，要格外有耐心。要记住从基础开始稳扎稳打，学会运用，才能获得最后的进步。我想从背单词的技巧、日常积累、习题练习、写作的相关提高方法、听力和口语的练习技巧等方面跟大家分享我学习英语的方法。

　　很小的时候，我就开始学习英语，从剑桥英语到新概念，可以说从小就打下了良好的英语基础。但是我认为，英语水平高低和考试中取得的成绩没有绝对的关系。我在高中时也看到了很多同学，原先英语成绩不够好，但在努力之后，也取得了很好的成绩。所以，方法很重要，只要用对的方法学习英语，成绩肯定能够提高。

做好基础功课——背单词

我一直认为背单词是英语的基础，相信很多人也都是这样认为的。记得我幼儿园开始学剑桥英语的那段日子，每次下课之后妈妈来接我，总是会让我在教室里背完今天所学的单词再离开（每节课大概10个单词），这样的学习直接使得我在整个小学阶段的英语词汇量远超其他同学，因此也可以轻而易举地取得较好的成绩。

不过幼儿园剑桥英语比起中学英语的词汇量也只能算是九牛一毛，自上中学，我感受到了背单词的艰巨和痛苦。于是我开始找各种方法，让自己在完成这项任务的过程里稍微有趣和轻松一些。我的第一个方法，就是把每天的陌生单词都写在同一个文件（或者同一个积累本）中，然后每天空闲时都翻一下，没必要逐一记忆，看到哪个单词就加深哪个单词的印象。然后，将记录的单词中那些熟悉到滚瓜烂熟的单词划掉，节省之后的背单词时间。当然，我认为这个方法只适用于高一、高二这种有大量时间去背诵单词的阶段，如果时间紧任务重，可能就要另择他法了。

另外，我还有一个背单词的技巧就是，从不孤立地去记忆单词，而是把单词放在句子中，放在固定搭配或者用法中，这样会更加好记。举个例子，之前我一直记不住"可持续性的"这个单词，后来在某次环境会议视频中听到了一个演讲，提到了sustainable development（可持续发展），从此以后我就深深记住了这个单词。另外我认为，看演讲或者电影会比单纯阅读文章更容易使用这种方法，因为在看演讲的过程中我们同时调动的感官不止一个——耳朵和眼睛，多感官一起更加容易使记忆深刻。这里推荐一个演讲集Ted，每一集的时间很短，10分钟左右，但内容涉及各个方面，不仅可以提升英语能力，还可以开阔知识面。

最后要提醒一点，我认为将阅读中遇到的生词积累下来也是很重要的，但是我觉得不需要积累遇见的所有阅读生词。因为高考阅读中一定会出现超纲词汇，但大部分是可以很容易通过上下文推测出意思的，这部分单词没有必要查询。词汇量大当然是最好的，但是要在短时间内记忆大量的词汇，无疑任务量过大。因此在做阅读练习的过程中，我建议不要边做边查单词，而是先通读上下文，把所有不知道意思的词圈下来，在完成练习之后再进行查询和整理。背诵时，建议忽略掉过于生僻的词汇，集中精力。

日常积累，提升英语语感和表达

我所在的高中对英语的要求比较高：高中阶段就要求大家进行四级词汇的背诵和考核。另外，我们老师为大家选择了英文原著小说，供大家阅读。我认为读英文小说是很有用的方法，当时老师为我们选择的小说是《当幸福来敲门》，我认为这本书比较难，适合词汇量很大的同学；对于英语水平一般的同学，可以选择书虫系列或者原版《哈利·波特》来阅读。在阅读过程中，需要积累的主要是生词和表达，有些很好的句式表达和名句都可以积累下来用在作文中，就像在语文中引用名人名言是一个道理。

除此之外，就是在高一、高二的时候，如果有的同学喜欢看电视剧、电影之类的，不妨换成美剧、英剧或原声版电影，为自己营造一个语言环境，在看剧的时候，可以模仿其中人物的对话，锻炼自己的听力和口语。虽然高考对口语没有考查，但是口语的提高可以显著地提升自己的听力能力。我一般会在练习听力的时候，跟着听力的音频阅读听力材料，如此可以了解听力中的发音和停顿连词之类的，这样之后就更容易听懂听力。

最后，就是我之前说到的听演讲，好的演讲不仅仅提升听力，也可以提升信心。我在高三的时候，每周都要听一遍奥巴马的就职演讲，不仅仅是因为这篇演讲的语言非常优美，也是因为这篇文章有种鼓舞人心的力量，让你可以在无力的时候，重新鼓起不顾一切向前的信心和勇气。

刷题那些事儿

作为一门语言学科，千万不要盲目刷题，而是要掌握分析的方法。每一次练习之后，找老师答疑的过程非常重要。也就是说，无论有什么问题，一定要找老师问清楚，分析出题者的意图和思考方式，想想自己的方式有什么问题（有的同学会钻牛角尖，认为自己的思路没有问题，但是有时候，确实需要了解出题人的意图，才能做对题目）。我印象最深刻的一点就是，阅读理解中千万不要加入自己理所当然的假设前提，也不要进行过多的推理。换句话说，要找直接答案和直接原因。在每次练习之后，重要的都是总结，总结每一种题目的方法。比如对于阅读题来说，有一种题型是主旨大意题，即总结整篇文章的主旨，这时候，就要返回浏览每一段的第一句话和最后一句话（或者第一段和最后一段，这和文章的结构有关系），提炼出文章的结构框架和主题。

另外，每一类题目的技巧都不一样。在时间较紧的情况下，盲目刷题不如专项训练来得有效。如果是选词填空有问题，就要进行选词填空的专项练习，不要一味地增加所有题型的练习量。当然，这是针对英语底子较好的同学来说的，对于水平一般的同学，短期内进行大量的练习，在练习的过程中找到自己的弱点，然后进行针对性的训练，也可以成为一个快速提升自己成绩的道路。

写　作

在写作上花费一定的功夫是很有必要的。我有一些提升写作分数的小技巧分享给大家。

首先，一定要注重书写。高中时，每天早上我们都会有十分钟的练字时间，语文和英语各一天。在练字的时候，是把字好看的同学的范文复印下来，进行模仿练习（这个练字强烈建议大家使用高考标准的答题纸进行，因为格子的宽窄和纸质都会影响到最终的效果）。在练字过程中，不仅要注意每个字母的大小写区分明确、字母大小相当、单词之间的间距相似、单词高度一致，还要学习到别人范文的精髓。这时候可以给大家推荐很出名的"衡水体"，大家可以在网上搜索衡水体，这种答题的字体容易模仿学习，且在卷面上非常好看。另外，在注重书面这一点上，要学会打草稿，打草稿会占到自己写作文总时间的小半左右。我甚至建议，答题时间充裕的同学，可以在正式答题之前，把作文在草稿纸上先写一遍，最大限度地减少在答题纸上的勾画。

其次，要注重自己的表述。也许你已经有很大的词汇量，但如果不注意运用，对自己的写作也不会有什么帮助。在每次写作的时候，有了自己想要表达的意思，都要想一想有没有更高级的表达方式，比如把自己刚刚学习到的单词或者固定表达用在里面，也可以想办法运用自己刚刚积累到的名言名句。总而言之，就是不要总用自己熟悉的词汇进行表达，语言学习重在运用。

最后，要记得，应考作文一定是要明确题目中心，不要偏题，不要发散和拐弯抹角。语言无论再美丽，再有修饰性，都要把题目直截了当地表达出来，有清晰的结构和逻辑最好。我之前写作文，容易发散思维，导致中心不够明确，很容易被认为偏题，之后我就按照老师的建议，在首段和尾段点题，每段的第一句点明这一段的分论点，好让阅卷老师一眼就能看到你的思路和观点。

听力和口语

把这两个方面放在一起说的主要原因就在于，这两个是相辅相成、互相促进的。听力在高考中有所考查，口语却没有。但某种程度上，会发音才能听得懂，二者是不能完全分离开的。所以我想跟大家介绍一些口语提升的好办法，有立志报考国外学校或者有国外发展计划的同学也可以参考。

其实英语口语很容易被忽视，导致哑巴英语的出现。大家普遍是阅读、写作能力很强，但是不擅长开口说英语和交流。即便我所在的高中有一周一次的口语课，但是因为时间很短，而且并非一对一交流，所以效果也不明显。我上大学之后在国外居住过一段时间，每天使用英文，回国之后才发现口语有了很大的进步。这时我才切身体会到了语境的重要性。当然，中学学习很难接触到这样的语境，因此我有些其他的方法。

首先，英语发音和中文发音的感觉是不一样的，我记得在上小学的时候有一个很注重口语的英语老师，他教我读George这个名字，告诉我要把腔体放圆，有种呕吐的感觉，才能读出这个单词的正确读音。虽然讲得有些夸张，但是其实强调的就是英语读音的不同之处。要练习英语读音，可以截取真人演讲或者对话中的某一句，反复模仿他的语调语气并进行录音，还可以下载英语配音之类的App，进行一些配音练习，反复听听自己的发音，会有一定的作用。

另外就是，自己每天可以"自言自语"，也就是说，很多网站上都有主题讨论，大家可以就某个主题，自己思考，自己录音，多说几次就会更加熟练。总而言之，要记住口语水平提升的重点就是模仿和练习。

以上大概就是我的一些方法，希望能对大家有所帮助。祝愿大家都能取得理想的成绩，实现自己的梦想。我在清华等你来！

稳扎稳打，学会运用——英语提分的不二法门

做好基础功课——背单词
- 把每天的陌生单词都写在同一个文件中，空闲时翻看
- 从不孤立地去记忆单词，而是把单词放在句子中，放在固定搭配或用法中
- 将阅读中遇到的生词积累下来也是很重要的，要有选择地积累

听说读写的提升其实都是大量积累之后的结果

日常积累，提升英语语感和表达
- 在阅读中积累生词和表达 —— 读英文小说是很有用的方法
- 在高一、高二时看看美剧、英剧或原声电影 —— 为自己营造一个语言环境
- 听演讲

刷题那些事儿
- 每次练习之后，找老师答疑非常重要
- 此外，总结每一种题目的解题方法
- 时间较紧时，专项训练很有效

写作
- 首先，一定要注重书写
- 其次，要注重自己的表述
- 最后，应试作文一定要明确题目中心，不要偏题，不要发散和拐弯抹角

听力和口语
- 听力和口语是相辅相成、相互促进的
- 提升口语的方法
  - 截取真人演讲或对话中的某一句，反复模仿他的语气语调，并录音纠正
  - "自言自语"

口语水平提升的重点是模仿和练习

学霸阅读笔记

阅读打卡

新的收获

小 结

高中三年我是如何保持英语从不下140分的

石雨婷

高考总分：**680**　英语：**146**

毕业于青海油田第一中学

就读于清华大学生命学院

> 英语是一门很重要的学科，也非常容易进步。态度、努力、方法、兴趣、有效性五个方面，是提高英语成绩的必要条件。

2016年8月底，带着准大一新生对未来美好憧憬的所有心之所向，我来到了国内顶尖的高等学府——清华大学。蠢蠢欲动的期待中的一个便是可以见识到更好的外语环境：可以熟练地翻阅外文资料，可以流利地与外籍教授、同学讨论问题。那一年，大学生活的正式开始是以一场英语分级考试为标志的，答完卷子，身边的同学有的担忧喊难，有的自信满满。后来的分级结果，我是第三级，一个勉强优秀的程度（四级最优），后来我看过那场考试中考到四级的一个女生在"新生梦想"（类似于年级活动）中的展示：她是个足球迷，计划着去做2018年世界杯的志愿者。现在三年过去了，我与这个优秀的女生交集不多，不清楚她是否如愿以偿，但仍然记得那时的自己，作为听众是淡淡艳羡和深刻反思自己的。清华大学的英文授课很多，也会碰到很多大洋彼岸的留学生，甚至有很多国外交流的机会。英语是大学四年乃至日后步入社会与人交流的一项很重要的技能，这一点是不言而喻的。

我的英语水平

我的高考英语成绩是146分，高中三年英语大考小考低于140分的成绩几乎没有过。这是一个看起来还真挺不错的成绩，但只有我知道我还有很多问题。浅显一点来讲，假如考了140分，会因为没有够到145而真心觉得自己没有那么厉害，考到了145又会觉得既然卷面仍然有出错的题目，就还有向着满分进步的空间。更深入一点，我觉得英语很厉害的人，应该是很熟悉各种类型的长短句，可以像英语母语者那样准确理解文章里每一个词作者想要表达的含义。最重要的是，他的听力和口语能力一定要特别好。显然，这样的目标，是我现在还在努力靠近的。

高中时期我是怎么学习英语的

谈起英语的学习方法，我有5个关键词：态度、努力、方法、兴趣和有效性。这些最诚恳的表达并不是最厉害、最神奇的秘籍，只是一个高考过来人的高中阶段为了高考，也为了更多的具体所想所为的回顾与分享。

一 态度

第一个说起态度，是因为当年我作为班级的学习委员所经历的一件现在想想都会令人头皮发麻的事——英语老师抽查作业，抓到一堆要不然应付差事、要不然空白一片、要不然抄袭的同学之后，我总是无措，思考自己能在老师们和同学们两边做些什么。

高中生似乎更愿意把时间多偏些给数学物理这样听起来比较难的学科。我没有违心大胆地不交作业过，所以我只是猜测不在英语上下功夫的同学们的理由大概是英语偏向记忆，技术难度要低于数学物理这些需要思维的课程，所以想要临时抱一抱佛脚；或者是因为英语作业的性质有时会很灵活，比方说背课文、积累文章等，可能不会在第二天被抽查到的任务，就会无所谓地偷一偷懒？

我对英语的理解是，它是一门需要积累的学科，也是一门可以难度较大的学科。积累是一个习惯养成的过程，是一个量变到质变的过程，听起来比灵感迸发或者说刷题多少要朴实许多，但我觉得它是一个难得让人放下浮躁的修炼的机会。那么，态度就是对学习这门课的目标动力进行深刻自我认知的概念。

想要上大学之后有出国交换机会或者在国外留学，或是单纯地希望自己看英文电影电视剧、收听节目时不再费力地暂停去读字幕甚至更不济要借助中文字幕，或是希望自己在旅游时碰到外国小哥哥小姐姐可以勇敢地搭讪，或是在外国朋友问路需要帮助时，你可以用英语与他们毫不费力地交流……这些想法不分远大平凡，因为英语作为一门语言本就是一个生存技能，一种用于传递信息的媒介工具，只要是真的用心有过这些想法，那么认真学习英语就会有明确自己的态度之后该有的样子。

一些很拗口的文章中的句子，或者是正宗的英语发音下的听力都可以变成一件不怎么简单的挑战。英语的四大块——听、说、读、写的提升其实都是大量积累之后的结果。而且英语学习的积累是一件过程中非常容易放弃的事情——在听录音时你可以不厌其烦地听多少遍？在听不懂的时候，你会耐着性子倒回去重放多少次？甚至说有时在没有听力材料盲听的情况下，你并不能及时知道你听到的每一句话究竟是什么意思，只有随着英语学习时间的增加，词汇量一点点增长之后，可能很久之后的某一天再来听时才会柳暗花明，这样的情况，你又能不能坚持呢？很害怕在公众面前讲话，还要讲自己没有什么把握的外语时，你又是不是能坚持把握每一次机会，并且认真准备，提前模仿练习很多遍呢？又能不能做到放慢阅读速度，在读每一篇英语文章时暂时不计较作业费时的问题，认真积累生词生句，抑制住自己去直接看汉语译文的本能冲动？或者说，你很久之前有过的写英语随笔或每天记英语日记的想法，能不能付诸行动并且每天不找借口地认真完成呢？

这里的每一个问题，改成一个肯定的答案都可以说是一个英语学习中值得培养的习惯。我觉得这些事情其实都不算作非常难以完成的庞大任务，但如果用心去做，一次花的时间也不会非常短，而且需要日复一日的坚持。蜕变在于，如果真的有一天这些事情成为英语学习中的习惯，这是一个很值得骄傲的成功的习惯养成经历，同时也会有必然的实际进步，比如说做一次这些小事所用的时间会缩短，会发现每次自己感受到的难度越来越小。

二 努力 ⫫⫫⫫⫫

确认自己的态度是在督促自己寻找一些值得坚持的好习惯，并有心付诸行动。但努力是把想法转化为实际做法的概念。就像上面提到的种种，是要不怕困难、坚持每日打卡，最终才能有所进步的。努力，是最容易说的一个点，因为它很好理解，明显地体现在一天中你专注于这件事情的时间上，体现于你在这段时间中的用心程度上，把自己的成果即学到的知识写到纸面上是最有效直接的检验方法。

三 方法 ⫫⫫⫫⫫

在这个关键词下，每个人的技巧和看法的差别就会显现出来。我想谈的是关于单词积累的方法。我自己试过很多积累单词的方法，背词典，或者在做阅读时逢生词就积累到积累本上等，不过收效甚微，我觉得方法本身是个可行的听起来也很厉害的办法，但还是要看适不适合自己，以及坚持下去的难易程度。我认为，单纯地记忆单词知道其如何拼写、知道其汉语意思，实在是过于枯燥也体现不出其实用性。学会一个单词是能够熟练地让它频繁正确地出现在你的对话或写作中的，根据这一点，我反而不强求自己背出多少单词，而是让自己勤快些多翻词典，有时可能我乍一看到的单词记不起来，可当我拿起词典翻页时，因为查阅了几次就会有一种熟悉感，很容易在看到释义之前就想起单词的意思。在这种积累方式中，可以把生词放在语境中，认识单词的同时也让我可以反复阅读那个句子，这样做能够不停地对这些新词加深印象，慢慢地，就能理解它表达的真正含义并模仿着运用它。另一点值得一说的就是，当遇到难以理解的长句或者说这个句子中有很多不认识的生词时，我通常都会好好安抚自己，让自己再多一些耐心，再读几遍文章的同时尤其注意断句的重要性。在平时刷题过程时，我一直认为阅读中没有注明单词意思的一般是默认你应该会的，只有一些专业性比较强的词汇或难度比较大不常出现的词汇才会有中文注释，所以我从不会埋怨题目出得难，而是庆幸自己的词汇量"漏洞"通过阅读还能补回来；此外，锻炼自己灵活联系上下文去合理猜测句子的意思也是刷题的一个关键，所以只要再多做一点点，就可以克服这些难题。

四　兴趣

　　我想说的是，单纯靠听起来诱惑力很大的兴趣来督促自己学习是不能长久的。投入大量时间听英文歌曲、看英文电影对提高英语水平有很大帮助的想法，是我所要分享的想法的很好例证。听歌看剧是一个很不错的兴趣，但是我的观点是有所成与欢愉一定是不能同时得到的，"鱼与熊掌不可兼得"是大家都明白的道理。一方面过于片段化的句子和不太规范的表达要当成主要部分去坚持学习，一定不是最有效率的；另一方面在娱乐因素的干扰下，真正学习英语的初心淡化了多少、剩下了几分是值得自己反思的问题，或许会发现自己只是在投机取巧，想要逃避获得成功所一定要付出的代价。真心想做好一件事，便要做好吃苦的准备，达成目标的过程一定会在某一点上让人受尽折磨，不过也正是这样的特点，在这件事情圆满结束之后，才会有满满的成就感。

五 有效性

我的解释是取得进步是一个实实在在发生的事情，讲得直白些就是看起来非常辛苦的过程如果最后没有效果，其实是没有用的。但幸运的是，这种矛盾只会发生在你只是看起来努力的情况下，任何有效的努力都一定会有好的结果。在认清楚这一点之后，就要明白及时检测自己学习成果的重要性，也就是及时跟进、知道自己在成长。逃避复习往往有两种情况——一种是急于求成，想要一刻都不停下地向前奔跑；另一种是明明白白地在逃避，不愿意面对自己无所成的结果，而且知道自己其实没有计划中的那样努力。前者心太急，中间休整是防患于未然，不做南辕北辙反还影响效率的事情；后者是从开始便怕吃苦，只能辜负自己。那么，避免无效性，在实际中需要做的事情又是什么呢？我的一个很简单的习惯是，第二天学习当天的任务的同时复习头一天的所学，第三天复习头两天所学……根据自己的情况确定上限在哪里，这个其实依据的就是及时复习，让知识不断反复巩固的原理，最后每一个星期回顾一次自己记下的单词、句子结构、高级表达，等等，日积月累，一定能有一个质的改变。

总结一下，态度是一个本质的东西，会让自己在松散的时候找到一定要自律的理由，所以要认同"英语很重要，它是一门需要用心对待的学科"，要有积极的态度。努力是一个一定要经历的步骤，要知道自己需要努力，还要意识到总有人会比你更努力。方法是一个需要摸索，即使借鉴来也是需要试探的机缘巧合的东西，并且这是建立在你踏实做事的基础上的，方法不需要很多，找到一个适合自己的就足矣，找方法与长期坚持这二者一定不要本末倒置。兴趣是一个很虚无缥缈的主观感受，而且需要警惕它与享乐挂钩，坚持着不放弃的动力从来不是浅薄的兴趣，是自律和毅力。最后，一定不要让自己去做无用功，即确保自己学习的有效性，很简单的做法就是定期停下来回顾反思调整。

"A happy life isn't hard to come by. The trick is to not regret the choices you made along the way."（平安喜乐的日子不难有，关键在于不要为你做出的任何选择而感到后悔。）我们共勉！

听说读写的提升其实都是大量积累之后的结果

高中三年我是如何保持英语从不下130分的

态度
- 英语是一门需要积累的课程
- 积累是一个习惯养成的过程，是一个量变到质变的过程
- 态度是对学习这门课的目标动力进行深刻自我认知的概念
- 认真学习英语是明确自己的态度之后会采取的顺其自然的做法

努力
- 督促自己寻找一些值得坚持的好习惯，并有心这样做，把想法转化为实际做法
- 努力体现在一天中你专注于这件事情的时间上，体现于你在这段时间的用心程度上

方法
- 单纯地记忆单词
- 学会一个单词是能够熟练地让它频繁正确地出现在你的对话或写作中

过于枯燥，反映不出实用性

兴趣
- 单纯靠听起来诱惑力很大的兴趣来督促自己学习是不能长久的
- 真心想做好一件事，便要做好吃苦的准备

"鱼和熊掌不可兼得"

有效性 ── 看起来非常辛苦的过程如果没有效果，其实是没用的

学霸阅读笔记

阅读打卡

新的收获

小结

谁能想到高考全市理科第一名物理也曾遭遇滑铁卢

何思远

高考总分：**669**　理综：**281**

毕业于四川省平昌中学

就读于清华大学机械工程系

> 如何将物理从拖后腿的学科变成自己的优势学科？如何克服学习物理过程中的各种困难？如何攻克一个个的物理公式，并在考场上快速、准确地发挥其功能？读完这篇文章，你将得到答案。

初入高中，物理从优势变成了拖后腿的学科

在初中，物理一直是我的优势学科，每次考试，我都能考到接近满分，得益于这个优势，我总是可以在总分上远远甩开其他同学。但是进

入高中后，我的物理成绩出现了很大的滑坡。总结下来，我在学习高中物理的过程中主要遇到了三个方面的困难。

困难一：物理过程的想象能力。记得高中物理最初学习的部分是运动学，初中物理涉及运动学的部分只有匀速运动，最复杂的题型也不过是追击问题，只要掌握一些常见题型的解题方法，就能够在考试中拿到高分。但是高中物理多了匀变速运动、抛体运动、曲线运动等部分，有很多的公式和题型。不仅如此，与初中物理不同的是，高中物理不是我们把各个题型背了就可以结束的，由于知识量的增加，题型也变得复杂，很多题目需要我们在头脑中想象整个物理过程，才能快速运用各种公式，从而解决题目。我现在依然记得高一的时候我做的一道运动学的题目：有一个直角三角板紧靠墙壁，其斜边与墙面贴合，如图所示，当A点沿墙壁向下运动，B点沿地面远离O点运动时，一直到斜边与地面重合，求C点经过的路程。

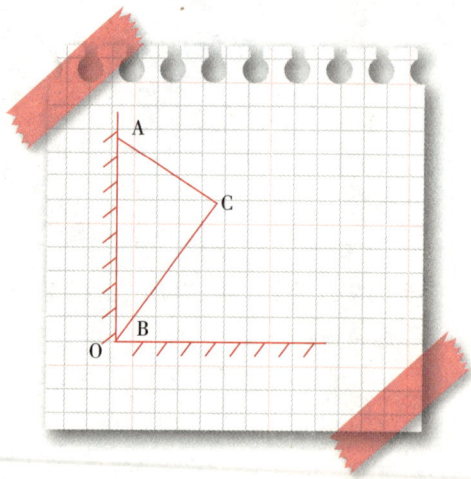

我记得那个时候我想这道题目想了很久，一直没有头绪，我在脑海中始终想象不出C点的运动轨迹是什么，于是在纸上画了又画，用了非常多复杂的计算公式，我甚至想用微元法求出C点的一小段轨迹路程，最后相加得到整个运动过程中C点运动的路程，但是这个计算十分复杂，当时我快要算疯了！最后我放弃了这种方法，去翻看了答案，才发现C点的运动轨迹竟然是一段圆弧！当时我觉得非常不可思议，我发现我之前的思路竟然是完全错误的，我在错误的方向上尝试了许久，而这一切都是因为我没有想出整个的物理过程。因此，相比于初中物理，高中物理对学生的思维能力有了更高的要求。

困难二：高中物理有很多的概念和公式。高中物理中有很多的概念，这是一件很让人头疼的事情。同样以运动学部分为例，在初中的时候，我们只是学习了一些很简单的描述物体运动的物理量，比如路程、路径、平均速度、瞬时速度等。到了高中，我们要学习各种描述运动的物理量，比如对于直线运动，我们会学习加速度，用来描述速度的变化；为了描述抛体运动，我们会学习运动的合成与分解；为了描述圆周运动，高中物理引入了角速度的概念；为了描述平面曲线运动，又有了曲率半径、切向速度、切向加速度、法向速度和法向加速度等概念。高中物理的各类概念，不管是在深度上还是广度上，都是之前初中物理的很多倍，这也成了我学习高中物理的困难之一。记得高一，每到课堂上老师都会讲很多很多的概念，只将这些物理量的概念背下来是没有用的，因为真正的题目中不会考这些概念的默写，而是考查在实际的物理过程中这些物理量具体代表什么，要会算这些物理量。因为我一开始对这些概念并没有很深刻地理解，所以做题的时候老是会出错，后面我也是花了很大的工夫来解决这个问题。

困难三：物理大题的综合性和灵活性。在学习高中物理的过程中，我遇到的第三个困难便是高中物理的大题具有很强的综合性，需要用到所学的各个模块的知识；同时有些题目也有很强的灵活性，通过不同的角度，就可以用不同方法来解题。有些题目，用常规的方法去解就很复杂，但是换一个方法就可以节省很多计算量。我在刚开始做高中物理大题的时候，一直无法快速反应出题目的考点在哪里，同时有些可以巧解的题目，我总是试图用常规的方法解题，因此在考试的时候就浪费了很多的时间。由于理综是物理、化学、生物一起考的，如果我在物理的大题上花了很多时间，那么做其他两科的时间也会受到影响，最后可能就是会做的题目没有时间做，花时间做的没有得分。我还记得我在一场月考中，有一道物理大题是这样的：

> 如图所示，一个质量为m的滑块滑上质量为M的滑板，滑块与滑板均有初速度，滑块与滑板、滑板与地面间均有摩擦，求速度相同的时间。

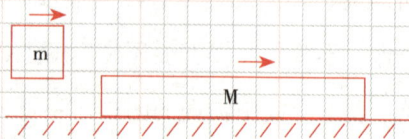

这道题目可以用常规的方法解决——两个物体分别考虑，但是这样的计算量就较大，假如用相对运动的方法，计算量就可以大大减小，在那场考试中我就没有采用相对运动的方法而是用常规方法解题，费了很长时间才把题目做出来，最后计算结果还不正确。由于在这道题目上花了太多时间，理综其他两门学科的成绩也受到了影响。因此，要想学好高中物理，就必须学会快速准确地做出物理大题。

理性分析，找出问题，树立目标

因为在学习高中物理的过程中遇到了各种困难，整个高一上学期我都过得很艰难，我不仅要学习其他学科，还要抽出时间补物理落下的东西，但是其他学科同样也需要我投入很多时间，那段时间我真的很痛苦。于是，在高一上学期结束的寒假里，我系统地反思了我所遇到的问题，将其罗列出来：

一是缺乏物理过程的想象能力，在看题干的信息时不能将其在脑海中转化成真正的物理过程。

二是对于高中物理的各个概念和公式理解不够深入，只是将其背下来，在真正的考试中没有用到。

三是在做物理大题时不能够快速想出相关的知识，缺乏灵活解题的能力。

以上是当时我所需要克服的问题，在列出我遇到的这些困难后，我的目标就是找出解决方法，最后能够具备想象物理过程的能力，能够对各个概念和公式有深入的理解，以及具备快速解决物理大题的能力。

面对痛点，我是如何克服的呢？

首先，解决缺乏物理过程想象能力的问题。物理这门学科是用来描述真实世界中物体之间的相互关系的，因此每个物理题目，都有其真实世界的模型。每当我遇到想不明白的物理过程的时候，我就去找真实的模型看一下，这样那些物理过程就不只是纸面上的文字，就可以在我的脑海中留下印记。比如，运动学中有一类问题叫"最速降线"，这类问题是基于一个推论：在竖直平面内，从一个圆环的最高点向圆环上引任

141

意光滑的直线轨道，让质点从轨道的最高点沿直线轨道滑至圆环上，质点沿不同的轨道到达圆环上所用的时间相等。当然这类问题在竞赛中出现得较多，我在学到这个推论后，一直不会用理论的方式证明，为此我特意去我们学校的实验室中，搭了一个圆弧轨道，测出不同直线轨道上小球下落的时间，发现其果然是相同的，这样我在头脑中就有深刻的印象。我在高中阶段一直用这种方法，比如后来在学到电磁学时，电磁学中有一种问题是判断力和电流的方向，如判断洛伦兹力的方向，判断磁场产生的电流的方向等，在遇到这种问题的时候，有时我就会判断错误方向，从而导致后面的计算全部错误，因此，我就去学校的实验室研究，先产生一个磁场，再感受带电导线的受力方向，验证"左力右电"的准则，这样，我就可以在考试中快速解决这类问题。

通过这种方式，我逐渐提高了我的思维能力，慢慢解决了缺乏想象物理过程能力的这个问题。

其次，解决高中物理中概念和公式较多的问题。虽然高中物理的概念和公式较多，但都是成体系的，首先我要做的就是将课本上的概念和公式吃透，不仅仅是将它们背下来，而且还要针对性地训练，做到得心应手地运用。接下来，就需要在脑海中构建出知识的体系，为了达到这个目的，我想出了一个方法：拿一张白纸，将学到的知识罗列出一个大纲，类似教科书的目录，在写每个知识点的时候，脑子里面想一下其概念，对应的公式，做过的题目等，全程只依靠自己脑海中的记忆，在做完后，对照课本，看看自己漏写了什么，重复这样，就可以将知识有条理地存储在大脑中，将各种知识在脑海中形成网络，而不是机械地记忆，这样在考试的时候就可以快速地调用出来。

最后，攻克物理大题。高中物理的大题涉及的知识点比较多，同时题型也很多变，面对这种困难，我的方法就是多刷题，但也不是盲目地刷题，各种题型都要做至少三道题，做完题之后不能就忘了，而是要认真对照答案，看看自己哪些地方有错，可以针对物理大题做一个错题本，把自己做错的题目，或者自己认为出得比较好的题目整理上去，定时翻看。一道题目假如有多种解法，每种解法都应该自己试一遍，这样在考试的时候就可以快速反应出大题考查的知识点，从而快速准确地做出物理大题。同时，虽然物理大题的题型有很多，但是每年高考的题型的确有固定的套路，为了提高高考成绩，也需要多看高考往年的物理大题考查的知识点、题型等。

有付出就会有回报

在通过上面的方式努力后，我一步一步提高了自己的物理成绩，从最开始每次考试理综都只能考七八十分，每次物理大题都会占用我很多时间，到后来物理慢慢成为我的优势科目，每次物理都可以考到接近满分。在物理这门学科上的优势也提高了我的总分，最后我慢慢从班级靠后的名次考到班级第一，再到年级第一，最后在2016年的高考中，我的理综考了281分，物理考了98.5分，考取了市理科第一名，最后进入清华大学机械工程系学习。在这里我把我自己学习物理的过程分享给大家，以作借鉴，最后祝各位高考学子都能考取自己理想的学校！

学霸阅读笔记

阅读打卡

新的收获

小　结

探究化学学习的奥秘从兴趣开始

张　蓉

高考总分：682　理综：273

毕业于湖南省洞口县第一中学

就读于清华大学化学系

　　刚接触化学的同学总会觉得化学很难，不知道化学有什么用，怎么样才能激发化学学习的兴趣，该用什么样的学习方法学习我们的化学课程。作为一名化学专业的学生，我会结合自身的化学学习经验和学习方法回答以上问题，并且特别想要告诉你们，化学的学习不用等到初三！前期的兴趣培养也很关键。

化学学什么，它有什么用

　　化学是对一类化学事物的概括，我们会关注物质的存在形态，物理、化学性质，反应的进度等一系列问题。现在我们研究的问题更多地存在于分子和原子层面，去探究反应的微观机制，以及探索反应的条件。但是，化学的存在永远不是孤立的，等到大学我们会有化学生物、物理化学等一系列课程。因此化学作为一个基础学科，我们不能单一地去思考它，它永远是和其他学科结合在一起存在的，例如我们在生物中会学到动物的呼吸作用、植物的光合作用，那从化学角度我们就可以分析在这个过程中是什么推动反应发生的？其中酶的存在加速反应进度，光的存在刺激反应的发生，这都是非常复杂的过程，直到现在科学家们仍然在不断探究，从近几年的诺贝尔奖获得情况我们会发现，生物和化学是紧密联系在一起的。这里我只是通过举一个相对简单的例子告诉大家，化学不是一个枯燥无味的学科，它是非常高深且有趣的，通过深入了解化学的内核，我们会逐渐发现其有意思的点，所以在这里我极力推荐大家在空闲的时候多看一些科学相关的纪录片，这是非常有意思并且能够很好地培养我们兴趣的。

我记得在我十几岁时看了很多有关时间物质的纪录片，它在我的心中深深地扎下了根，到初二接触物理的时候我就非常感兴趣，我希望把物理学好。到了高中也是这样，我一直把爱因斯坦视为我的"男神"，这就是我的追星之路，到最后我成功了，并且选择了化学专业继续深造。这种兴趣的扎根，实际上就是为了今后遇到坎坷时，强烈的信念能帮助自己迈过那一道坎儿，当然即使在小时候没有看过与科学相关的材料，也可以在之后的学习中进行加强。

说到化学的作用，其实我们生活中每时每刻都充满着化学的影子，比如在我们人体内部的消化活动，不论什么时候我们身体内部都在进行着化学反应，这些化学反应提供给我们生活的能量；我们每天做菜时，产生的味道，食物变熟……这些都存在化学。还有一些更有意思，比如碳和金刚石（钻石）都是由同一种元素组成的，但是为什么它们的价格相差那么大？这就和它们的形成有着密切的关系，现在我们也有了可以将碳转变为金刚石的技术，这就是化学给我们的生活带来的色彩。其实不管是化学的内涵还是它的用途，我们了解它本质的目的是想增强兴趣。

但在低年级的时候我们没有办法理解过于高难度的书籍，所以看一看有关化学与生活的纪录片或者看一看有关化学的科普数据就非常有意思，这些习惯从小学六年级到初中都是可以一直坚持下来的，这里尤其推荐一些BBC的纪录片，这些纪录片不仅可以增长科学知识还能练习英语的听说能力。

初中化学怎么学

首先在初三的时候，我们开始接触化学这一门新的学科，在最初学习的时候一定是困难的，因为我们未曾接触过那些微观的内容。我在刚上初三的时候，对于那些基础的概念也是一头雾水，尤其需要去记忆元

素周期表，以及第一次接触化学方程式这个知识点，这些都是非常困难的。那么在最开始的时候我们该如何去学习呢？我认为有一个特别关键的技巧：多背，多看！一个学科的学习就像建房子，最初我们要做的是打好地基，我认为积累知识点的过程就是在打地基，只有这地基足够深、足够结实，我们才能更好地在上面垒起一座城堡，所以在最初的时候大家千万不要急于求成，去广泛地了解非常高深的化学知识，这是舍本逐末，往往得不偿失。

　　而且我们在学习知识点的时候也不要盲目混乱地去记忆，对于一些基本的常识需要额外花时间记忆，比如元素周期表、金属活动顺序表，因为它们相当于一种工具，以帮助我们更好地进行之后的学习。对于内文，我们就要按照章节去细化每一节的内容，比如我们刚开始会学习有关实验室操作的安全注意事项，我们就要按照安全标志、实验室安全操作等不同的分类去进行记忆。

　　另外还有一个注意事项，一定要注意课前预习。因为化学是一门新的学科，我们会有很多不懂的内容，有些知识可能只听老师讲不一定能够听懂，所以在课前预习能够帮助我们去了解课程的难点和重点，在上课的时候也会更加具有针对性。在预习过程中对于定理和定律要重点地反复阅读，每一个定理都是前人经过大量的实验总结出来的极其简单和精妙的东西，所以我们一定要逐字逐句地进行推敲。通过了解本节课的基本知识，我们能够分清哪些是重点、难点，哪些通过自己看课本就能掌握，哪些自己看不懂、想不通，看不懂、想不通的就在旁边做记号，这样在听课时才能有的放矢、有张有弛，在轻松愉快中接受知识，取得较好效果。

　　在课上的时候也一定要注意听讲，老师们往往会尽可能用生动的语言来帮助我们理解，但是我们要从中找到疑惑点，我们一定不要死板地去接受知识，要动用自己的脑子去思考，多问几个为什么，比如为什么元素周期表是这样排列的，它们有什么规律吗？或者为什么金属会有活动顺序？其实这些看似简单的问题牵扯了化学这门学科的本质内容，所以我们在跟着老师思路的同时一定要多思考和总结。

　　上完课我们应该做什么呢？很多同学说："老师上课讲的我都能听懂，为啥自己一做题就全不会呢？"这实际上就暴露出了很多问题，老师上课所讲的内容只是最基础的一些知识点和方法，但是我们考试的内容不可能只是那些简单的知识点的应用，要有一定题量的积累才能真正形成自己的做题方法和技巧。在做题前最好先进行知识点的复习，这样能够使我们的做题过程更加顺畅，同时在做题中能够复习知识点，会比单纯地死记硬背更加印象深刻。对于笔记本也要阶段性地进行复习。我们做过的那些错题最好能够积累在一个单独的错题本上，积累错题时我们要挑选那种方法性比较强的题目而不是由于粗心大意做错的题目，比如化学里经常会出现的推断类题目，其难度较大，方法性较强，而且需要通过训练才能够逐渐掌握。错题积累后一定要定期去翻看和复习，如果整理完错题本却不去定期复习，那整理错题本就是在浪费时间，所以我们一定要把一种方法做到效率最大化。

高中化学怎么学

我们高中化学学习的难度一般会呈下降趋势，因为高一我们对于很多物质性质还不够了解，所以需要前期的大量积累来弥补这部分的空白，而且我们要记住的知识会比初中更多更难，因而也会耗费我们更多的时间。那么问题来了，我们该背什么内容呢？该怎么背？如果课上老师让我们记的笔记足够多，那么在前期时我们可以直接去背这些笔记；如果课上老师让我们记的笔记较少，那么我们就要去额外找一些知识点，例如我曾经用过的《知识清单》（市面上还有很多类似的资料，找一本适合自己的就可以，没有固定选项），这种书籍会把知识点按照书本的章节去进行系统的补充，所以大家可以从高一开始就去多背一些化学的常识内容，背完之后一定要找对应的习题去训练与巩固。

其实我们很多学科在学习过程中还会存在一个问题：有些知识点很难理解，我们该怎么办？在我们高二的时候会学习有关电化学的知识，这些知识在刚开始学习时是非常难运用的，一方面是我们的知识储备不够，另一方面就是做题量太少。高中化学的学习不仅仅是把书本上的内容完全掌握，还有一个非常重要的点就是在做题过程中积累知识，比如三价铁离子完全沉淀的 pH 大概是 3.7，这些知识点在书本不会直接列出，但是在题目中的确会出现，掌握这个知识点会帮助我们轻松解题。做题的过程其实就是思路形成的过程，看到一道题该怎么解决？这些步骤是平时积累出的经验方法。大家在高中的时候一定要有足够的做题量，而且我认为在高中的错题积累可以不用全抄题目，对于高中的化学内容，错误点往往在于基础概念的混淆，所以可以把这些概念进行分类积累。但如果是方法性较强的题目，还是要以抄题的方式进行积累（选择题）。

对于高二的同学们，我认为针对性做题是非常重要的，这个时候其实大部分的知识点已经学完了，可能会学习选修内容以及进入一轮复习。这一阶段化学的大题题型已经大部分定下来了，同学们会更多地接触到高考题型。此时我们要更有针对性地学习化学，比如常见的工艺流程题、化学原理题，针对这类题目，我们一定不要盲目做题，可以买一本专门的大题集训，里面一般会将工艺流程大题、有机合成大题分开，我们可以通过每天做两道同一类型的题目来进行针对性训练，但是一定要坚持下去（1-2个月）。做题初期可能遇到很多不会的点，我们一定要结合学过的知识运用发散思维，写一个自己觉得想得通的答案，哪怕错了也没关系，但是一定要自己去做，做完后对答案，如果有不懂的地方一定要和老师或者同学讨论。我会更推荐去向老师请教，因为老师一般会切合出题人的角度告诉你这道题该怎么思考，还会给你拓展一些新的知识，这都是非常有意义的。

化学的学习，知识点非常重要，它不像数学方法性那么强，而是需要大量的积累和总结，通过做题去实践训练。方法有很多，我只是讲述了我化学学习过程中的一些。可能我的方法不能100%适用于所有人，但大家可以借鉴，总之一定要找到适合自己的方法，千万不要过分盲从。用对了方法，相信你会爱上化学！

探究化学学习的奥秘从兴趣开始

化学学什么，它有什么用
- 化学是对一类化学事物的概括，关注物质的存在形态，物理、化学性质，反应的进度等一系列问题
  - 现在我们研究的问题更多地存在于分子和原子层面
- 作用：我们生活中每时每刻都充满着化学的影子，比如人体内部的消化活动、做菜时产生的味道……

初中化学怎么学
- 注意课前预习，分清重难点
- 课上要注意听讲，要找到疑惑点，不要死板地接受知识，要动脑思考
- 做题前最好进行知识点的复习，对笔记本也要进行阶段性的复习

元素周期表：多背、多看——"打地基"

高中化学怎么学
- 学习难度一般呈下降趋势，需要前期的大量积累
  - 若课上老师让我们记的笔记足够多，可以直接背；如果笔记较少，那么就要去额外找一些知识点
  - **怎么背**
    - 有些知识点很难理解，怎么办
    - 在做题过程中积累知识，如果是方法性较强的题目，以抄题的方式进行积累
    - 坚持针对性做题

学霸阅读笔记

阅读打卡

新的收获

小　结

注重这5点，
你的生物成绩不会差

陈佳荷

高考总分：700　理综：281

毕业于陕西省西安高新第一中学

就读于清华大学建设管理系

生物是一门注重细节同时也考查细节的学科，因此围绕着这一个主旨，从全方位学习、精准练习、切合实际制订计划、端正心态等方面找到适合自己的学习方法和小技巧就尤为重要。

高中伊始，我的成绩不算很好，但自认为在生物学科方面小有天分，还曾报名参加过生物竞赛，不过最后因为知识量过大以及需要投入的时间太多，经过抉择之后放弃了。一开始，我的生物成绩始终保持着单科优势，但是到高二最后阶段和高三初期，成绩忽然有了一定程度的下滑，令当时的我非常着急。不过，在老师的帮助下，我也找到了症结所在，并且最终克服了这些困难，在高考中取得了不错的成绩。现在，我把自己在学习生物过程中的一些经历分享给大家，希望可以对大家有所帮助。

老师一直强调一句话："生物是理科中的文科。"因此生物在很多特征上和文科课程比较相似。首先，生物有较多需要背诵的知识点，尤其是选修课本中包括基因工程在内的部分，因此我会在每周分出三天时间，每天早上花10分钟背诵自己整理出来的知识点。其次，生物说到底是考查我们对一些细节的重视程度。具体是哪些呢？

注重纠错，找到方法避免一错再错

我认为，纠错是学习中非常重要的一个环节，每个学科我都会专门准备一个纠错本，用来收集自己出过错的题目。在纠错时，不仅要写上正确答案和相关解析，还要写上自己的错误答案，以及当时做错的思考过程，形成对比，有意识地纠正自己错误的思路，避免一错再错。如果是涉及多个知识点的题目，我会带着知识点回归教材，将相关的所有知识都梳理一次。做错可能就是由于某些细节没有注意到或者有所遗忘。在我发现某个知识点或者某种类型的题目一错再错，那么我会针对这一部分知识点或者这一类题型进行专题整理——不仅要归纳总结知识点，还要寻找5道同考点的例题，附在知识点之后（不限于5道，目的是要覆盖解答这类题的所有技巧和方法），例如做遗传族谱类题我经常犯错，可能是因为没有掌握解题方法或没有提炼清楚题目中暗含的信息，在纠错时就需要多整理几道同类型题目。

临考前，要做的不是复习笔记，而是复习自己的纠错本，因为纠错本上记录的知识点更具有针对性。

练习具有导向性，不可盲目刷题

在进入高三最后的综合冲刺阶段之前，练习都要具有一定的方向和目的。例如完成生物单科套卷后，发现自己错的题目中排除掉粗心错误之后，剩下的都是之前疏忽或者一知半解的知识点，这时就需要进行针对性练习。我在高二学习遗传的相关知识时，感觉这个模块的题目综合性较强，难度也大一些，很容易出错，于是我就专门买了一本遗传模块的高考必刷题，用将近两周的时间集中练习这个部分，每天大概完成一到两面的题量。就像我之前提到的，练习中最重要的环节其实是纠错。当一份卷子中有你错的题时，说明这份卷子对你是有帮助的，它找到了你的知识盲区或者弱点，所以要细心纠错，把错题牵扯出来的知识点全部复习一遍，这不仅可以帮助你学透这道错题，还可以使你注意到之前遗漏的与之相关的知识点。

记得当时我向同学抱怨过选修基因工程部分的知识晦涩难懂，做这个部分的题目总是失分，于是同学在我过生日时，送了我一本与基因工程相关的高考必刷题。基于大量的练习加上同学的心意，之后这一部分的题目我再未丢分。

这里提到的练习具有导向性，此外，还需要明确每道练习题目的考查点。当我在做一道题时，首先要迅速地锁定这道题考查的知识点，以此来聚焦思维，避免过于发散导致偏离题目本意。换句话说，在练习时，要在理解题目意思上多下功夫，学会分析出题者的意图，否则就可能出现答非所问的现象。

学习要有计划

我始终认为，越是考查细节的学科，就越需要有计划地进行学习。但多数时候，大部分人都没办法做到提前列好每天的计划，即使列好了计划也未必能严格执行。另外，计划的变更是必然存在的，因此我们需要的就不再是传统意义上的计划。

比如在晚上睡觉之前，回想这一天自己发现的知识漏洞，以此为导向，确定第二天早读的内容。在每天上课时，练习和答疑的过程中，可以思考一下自己哪些知识的复习还没有落实，然后决定当晚的学习内容。高中刚开始，计划可以粗略一些，每天的时间安排得不用非常紧张，只需要在脑海里有粗略的安排即可。到了时间非常紧张的高三，每天需要完成的事情增多，仅仅记在脑海里容易遗漏，因此建议大家随身携带一个小本子，把自己每天要完成的或者突然想起来需要完成的写在上面，例如，找某节课的老师答疑、完成某张卷子的纠错，等等。在高考前一个月自主复习的时候，一定要提前制订好非常详细、具体到分秒的计划，这样做是为了给自己一个目标，同时也给自己一点完成任务的压力，以此来控制自己。这个计划可以一周一循环，但是要根据具体情况做出调整，最重要的是要有时间的弹性，比如每个任务之间要有5分钟空白，便于自己切换状态以及处理其他事情。只有一点点积累完成任务的成就感，才能得到继续计划的动力。

这里为大家提供一点计划的小技巧。首先计划内容不能过于紧凑，要切合自己的习惯和能力。其次，每天留出一点空白的时间，比如在执行当天任务的过程中，遇到了一些新的需要完成的事情，就可以利用这一段空白时间完成。

调整心态，积极自信，踏实认真

其实高考也考查心态。我们经常说一分一操场。同样能力的人为什么会有一分之差呢？很大程度上是考试时候的心态导致的。过于紧张可能会漏看题目或者忽然忘记自己曾经记得的知识点，而过于放松则会把握不好时间。平时的学习也是如此，把自己逼得太紧就容易透支精力，但是完全放松又失去了效率。

我在高三上半学期结束前的几次模拟考试中，理综成绩都不是很理想，大概二百四五十分的样子（虽然模拟题难度较大，但最高分也能达到300分左右），那时候我心里很着急，于是去找理综的三位老师聊了很久，聊学习的疑问，聊心理的感受，甚至随便聊聊生活。我真的极力推荐大家在感到迷茫焦虑的时候多和老师聊聊天，很有可能在聊天的过程中你就明白了自己的症结所在。有问题的时候也可以多找老师答疑，一定要一直问到自己完全理解清楚了问题，这样老师会更加了解你的情况，之后也更容易帮助你。聊完之后，我周末回家稍作调整，放松了心态，反思自己的学习方法。不论学什么，方法更重要，以我为例，除了老师布置的题，我很少做自己买的题目（包括之前说的针对性练习，其实也都是老师的要求，我认为这个方法很奏效，所以想介绍给大家），我自认为是一个慢中求稳的人，于是我将更多的时间用在做过题目的总结上，调整方法之后，我的理综成绩有了明显的提高。有的时候慢就是快，不是每个人都适合"题海战术"，当你发现当下的安排不适合自己的时候，一定要学会自我调整，或者适当的寻求老师的帮助。

在最后冲刺的时间里，因为会不断地复习旧的知识，已经没有了最初学习新知识时的新奇感，于是就需要新的激励来鼓励自己不要松懈。当时我最主要的激励来自班主任。我的班主任极其敬业，总是来得比我们早，走得比我们晚，几乎陪伴我们每天的早晚自习，于是我就很纯粹地不想让他失望，才每天都想要拼尽全力提升自己。另外一种激励就是来自对未来生活的憧憬。听过很多学长学姐讲述在清华的生活后，我渐渐也坚定了自己的目标，要敢想敢做，最终的结果一定不会让你失望。

一些需要注重的小零碎

前文所述生物最重要的是细节，我认为做到这点的基础在于把书上的每一块内容都看到。不仅仅是课本正文，比如每一页下方的注释，每一章结尾的科技前沿、开头的引言、每一节的课后题……每一个字都要看到，重点注意"几乎""全部"等的描述。当然也不需要过于草木皆兵，要在此基础上有所判断，有所取舍。

另外，务必记得课堂时间非常宝贵，一定要认真听讲，听老师讲课可以节省很多的课后时间。我有很多同学上课不认真听讲，全凭课后不停地刷题自学，后来发现这种方法没有方向性，很盲目，因此最后没有好的结果。

总结一下上文所述的几点内容，其实都是围绕着注重细节展开的。首先要学习到课本上的每一个知识点，在学习完成之后的练习过程中，要注意有导向性地练习，不要盲目搞"题海战术"。其次，要记住纠错的重要性，因此要格外注重每一次考试的纠错和反复犯错的知识点的专题总结。最后，要调整好自己的心态，找到生活中的激励，以此来鼓励自己不断努力。

以上就是我高中时期在生物学科学习方面的一些小心得，希望能对大家有所帮助。最后，祝愿大家都能取得好成绩，实现自己的梦想！

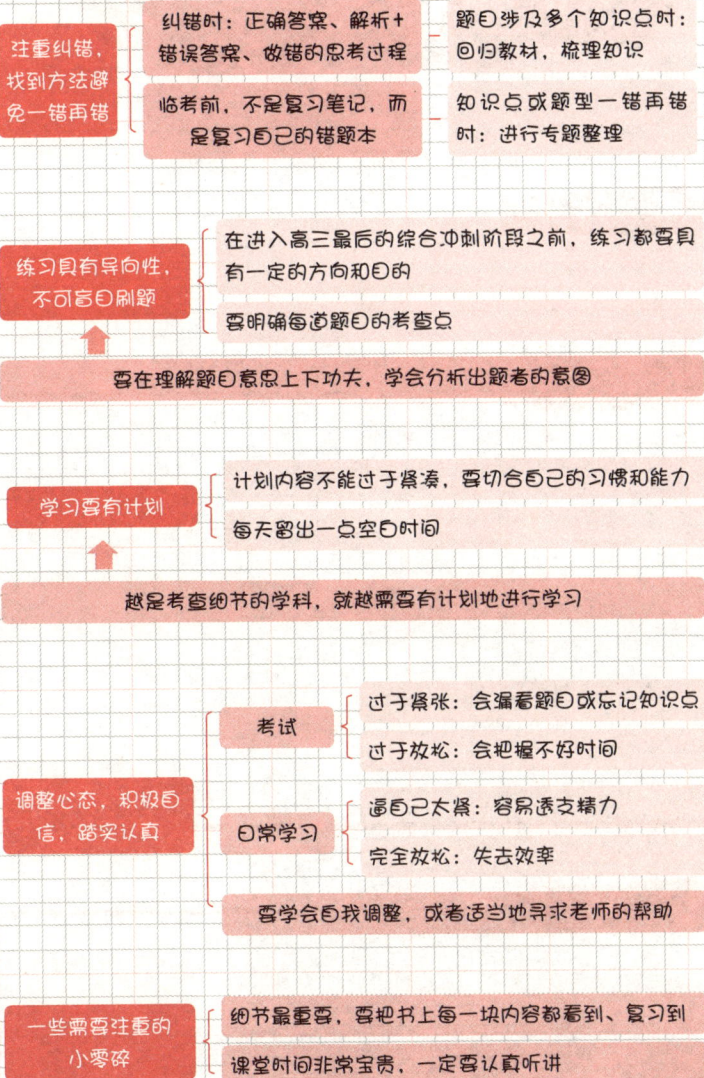

注意这5点，你的生物成绩不会差

注重纠错，找到方法避免一错再错
- 纠错时：正确答案、解析+错误答案、做错的思考过程
- 临考前，不是复习笔记，而是复习自己的错题本
- 题目涉及多个知识点时：回归教材，梳理知识
- 知识点或题型一错再错时：进行专题整理

练习具有导向性，不可盲目刷题
- 在进入高三最后的综合冲刺阶段之前，练习都要具有一定的方向和目的
- 要明确每道题目的考查点
- 要在理解题目意思上下功夫，学会分析出题者的意图

学习要有计划
- 计划内容不能过于繁重，要切合自己的习惯和能力
- 每天留出一点空白时间
- 越是考查细节的学科，就越需要有计划地进行学习

调整心态，积极自信，踏实认真
- 考试
  - 过于紧张：会漏看题目或忘记知识点
  - 过于放松：会把握不好时间
- 日常学习
  - 逼自己太紧：容易透支精力
  - 完全放松：失去效率
- 要学会自我调整，或者适当地寻求老师的帮助

一些需要注重的小零碎
- 细节最重要，要把书上每一块内容都看到、复习到
- 课堂时间非常宝贵，一定要认真听讲

学霸阅读笔记

阅读打卡

新的收获

小 结

循环曲折中突破
政治学习瓶颈

翟浩博

高考总分：**654**　文综：**246**

毕业于河南省许昌市建安区第三高级中学

就读于清华大学社会科学学院

　　在学习政治的过程中，同学们经常会问："大题为什么写满却没有得分？""选择题为什么做不到全对？"希望你在读完文章后可以找到答案。

　　高中政治课程内容包括四门必修课：经济生活、政治生活、文化生活以及生活与哲学。从大学角度看，这就涉及了经济学、政治学和哲学等几大人文社会科学。考题更是从"中美贸易战"等时政热点延伸到"人不能两次踏进同一条河流"等古代经典哲学辩题。学习政治的过程中可以了解国家的基本架构、经济运行的抽象逻辑和思辨的莫大乐趣，所

以我一直认为政治学科本身就是快乐的学科，是应该被认真对待的学科。

可"无论多好的书，只要拿来当课本读，就立刻令我感觉到讨厌"，现在的我们对政治的感受就如季羡林先生的这句抱怨，平时背书背不过，考起试来面对卷子不知道如何分析题，更不知道从何处落笔。我也曾因为政治分数低而陷入深深的困扰：一是基础性的选择题总是无法拿到满分，二是写满空隙的主观题答案得分却少得可怜。在经过自己的摸索和与老师的讨论之后，我逐渐形成了自己政治学科的答题技巧、思维方法和钻研习惯，终于在高考即将到来时把政治稳固在了一个高位，为自己高考文综取得满意成绩与考进清华做出了重大的贡献。针对政治学科的具体痛点，希望下面的一些建议和方法能够对大家有所帮助。

你还因不会背书而苦恼吗

记忆对我来说是一件很头疼的事，尤其是对于一些长篇大论的段落和一个问题有五六点答案的知识，我就算"拗着头"也是记不住的，在老师提问时背到一半总是卡住，平时找老师课下背书和被罚抄都是家常便饭，最要命的是考试时遇到完全是课本知识而不是注重理解的题，比如"请根据非公有制经济的知识答题"，我总是抓耳挠腮，想："就是那个，《经济生活》第二章，好像有作用和地位之类的，具体是什么啊？""考前不背书，考试两行泪"就是我考试时心态的真实写照，这种急躁的心态伴随的是又要被老师找去"喝茶"和本该是道送分题却不会的愧疚。这道题没得分，还极有可能对之后做题产生心理影响，形成恶性循环。之后我尝试了大声朗读、撕页等方法，但发现效果不大，当然这里希望大家明白，学习方法因人而异，这也是政治上"矛盾具有特殊性"所要求的，认为以上方法有效的话可以继续坚持，同时建议大家尝试更多的方法。所以如何达到增强记忆的效果呢？

经过漫长的探索和借鉴他人的思路，我发现了背诵政治中的几个问题：死记硬背偏多，没有抓到重点和记忆点；没有及时复习，存在背诵时间的随意性，体现在只有在老师提问前的早晨才会积极背诵，平时不会固定复习；背诵内容在做题时不能及时回忆起来以致浪费考试时间。后来通过和老师同学沟通以及看一些学霸们的经验分享，我总结了一套自己的背诵方法。

第一，避免"作秀"，以记忆本身为目的，学会梳理知识。高中老师十分推崇衡水式背书方法，声嘶力竭、面红耳赤才能显现背书效果，我也曾为了得到表扬尝试过一段时间，但对我来说效果并不明显。所以之后我还是选择坐在座位上，首先把背诵内容梳理出要点与差异点，这正是我的记忆点，比如我国的经济制度，先列出两方面：公有制和非公有制，分别思考它们需要掌握的内容，在心里尝试背诵，并在纸上整理出框架，提醒自己要注意"公有主体和国有主导"的差异，经过这样的沉默阶段，我会明白自己哪些知识点还掌握得不牢固，之后再针对模糊的知识张口背书，这样做对自己的水平也能有一个整体把握。

第二，与题目"共舞"。背书不只是掌握课本知识的过程，实际也是消化总结已有知识的过程。我们背书时，就应该思考考题会在这个知识上怎样设置采分点，比如背到哲学意识的三个特点时，就要想到选择题可能会区分它们，那么就不能独立掌握了，而要停下脚步结合已经出过的题思考它们的特点，出现"为了……"一般考的是目的；但是在主观题作答时要尽量全部写上，以免分析错误导致漏答丢分。所以切记背书时一定要结合题目，以便于整合课本知识与考点。

第三，零碎的叮嘱。背诵的内容不限于课本，好题目的答案、时政词汇句子和党章报告也是十分重要的背诵内容。可以在早读划出固定时间进行政治学科的背诵，防止其他学科任务增多而忽视政治学科的复习和"一曝十日寒"的现象；要和他人叙述课本，从大到小的知识点都对别人说一遍，未提及之处别人指出后及时记忆，这尤其对高三形成知识体系大有裨益。

记忆不是一蹴而就的，前途光明，道路曲折，但以"少年辛苦终身事，莫向光阴惰寸功"为初心坚持以上方法进行记忆，一本、两本……终于把书本和错题集烙印到脑海，每次完整地向老师叙述完课本内容，我都要奖励自己一下，内心的喜悦更是难以言表，高考没有犯知识性错误和因记忆不佳而懊悔算是最好的回报了。

选择题全对了吗

根据我和一些同学的讨论，我们普遍认为与历史、地理相比，政治选择题是最好把握的，所以选择题拿满分是政治学科取得高分必不可少的条件，以下是关于我做选择题的经验。

记得十分清楚的是，高中一段时间政治选择题总是出错，在主观题没有起色的情况下，选择题的这种错令我十分痛心。因为一部分同学已经达到了一个不错的水平，而且的确政治选择的题目相对固定，只要下功夫进行总结就一定能达到全对。"政治选择题一定要重视！"我默默告诫自己。我收集了错题，并对错题进行了整理研究。经过一段时间的努力，政治选择题最后达到了自己理想中的成绩。而我具体做了什么呢？

首先要明确政治选择题的数量，根据这两年高考题来看，一般是经济4道、政治和哲学各3道、文化2道，这样就可以知道大致的出题范围，比如哲学可能后三单元各一道（这不绝对），弄清楚题型一来可以让我们备考时更加游刃有余，二是可以方便同一知识点错题的整理。

其次是明确选择题的基本注意事项。第一步先把题干最后一句中的关键词圈出，明确是选出正确的还是错误的，是目的、意义还是启示；第二步把题肢中表述错误的选项或固定搭配混淆的选项划去；第三步通读题干，总结出大意，把没有表述错误的选项进行对比，选出正确答案。对照题干与题肢时，要注意平时常见的错误类型（总结错题下文会提及），辨别选项与题干中叙述主体等有无偏差。

实际上政治选择题并不难，在打牢基础之后，只要按照上面的步骤做并注意总结，就一定可以取得自己满意的成绩。

写得密密麻麻的主观题得分了吗

政治主观题简直是我心中的噩梦，每次都是在考试时写得龙飞凤舞、满满当当，只要有时间，就觉得给的空间太少，感觉自己还能再写两三条，必须写得面面俱到，最后成绩下来的结果却是没有几点能凑上标准答案……那么怎样能够实现政治大题得高分的飞跃呢？

首先要掌握基本的模板。最为典型的是政治生活中的"政府和党"等知识和哲学中历史唯物主义等知识，有一套周详的模板，而且主观题答案的基本组成就是课本知识＋材料分析，这是最基础的内容与答题技巧，也是我们看到政治主观题首先应该想到的点。虽然我们看到的政治主观题答案一般结合材料和时政内容比较多，但是在高考评分时，会对应课本基本知识制定替代答案，并且一些高考答案中的采分点的确很基础，比如2018年一卷的文化题和2019年政治生活中人民政协有关知识。这就需要你对课本进行熟练的掌握。

但是只会课本知识是肯定无法拿到高分的。政治主观题考查的重要能力包括分析以宏观分析材料、微观分析材料、提炼信息等。宏观分析以明确考查范围、题干中的主体和核心事件以及分值分配（尤其是在经济题中权衡好两问分值），之后审查材料，梳理出相关的主体以及有用信息；微观分析就是抓关键词，比如新型产业、技术发展等词，之后进行延伸，这一步可以结合积累的知识和课本内容，一一对应，实操方法参看附图。

38.阅读材料，完成下列要求。（14分）

近年来，随着经济进一步发展和国家全民健身战略的不断推进，国内掀起了马拉松热。2011年中国马拉松赛事仅有22场，2017年增长到1100场。据预测，2020年中国马拉松赛事将达1900场。

马拉松赛事的参与人数多、设计领域广。2017年参加马拉松比赛的人次超过500万，覆盖全国234个城市，赛事带动安保、保健、住宿、餐饮、旅行、体育文化等服务业的发展，据测算，2017年全国马拉松主办方的直接营业收入超过270亿元，主办城市的间接收入超过1350亿元。

结合材料，运用经济知识分析近年来我国马拉松热的驱动因素。（14分）

18年《经济生活》

马拉松　因素

提取关键词　　　引申

经济发展

国家战略　　→　政府

人数多　　　→　消费

服务业发展　→　相关产业

主办方和城市→　企业

结合所学：（第一印象，影响消费因素＋价格等）

总结学习：主体分类

　　　　　思考本身特点

　　　　＋普适性答案：经济转型升级

错题整理好了吗

　　很长时间我是没有政治错题本的，一是前期政治题的确做得不多，二是政治错题的总结方向我没有完全摸清楚，不知道该如何才能总结出对考试有用的高效错题本。所以当老师每周要定期收错题本查看时，我都会找几道错误的选择题予以应付，这个完全被动的过程让我感觉是在浪费时间，这种状态也折磨了我很长时间。直到高二，随着做题数量的增加和对高考题的涉及，我慢慢感觉到很多有新意的地方，同时漏洞逐渐展现，我开始主动去收集错题并从几个不同的方向对错题予以总结概括。

　　首先，对不同题型进行归类。选择题中的图表题、表现类题型和诗歌体现哲理类题型都可以总结在一起，并时常翻看，最终达到完全覆盖这些题型的知识范围的目的。

其次，对常见的时政热点进行归类。时政热点进行归类完全可以把选择题和主观题相结合，在选择题中正确的选项有可能十分贴近主观题的材料，甚至与答案有高度相似之处。之后按照类似"进出口问题""税制改革问题""环保问题"的分类进行整理。

最后，整理错题的过程也是思维发散与归纳总结的过程，这是我认为最精华的部分。其一，整理错题时要由点到面，一个错误点一定要联想到相关知识从而把它归入知识网络之中，比如整理环保问题类错题，就要想到绿色新发展理念、高质量发展、两型社会等经济知识，政府和党会怎么做等政治知识以及尊重规律等哲学知识，四本教材之间在答题时往往可以相互启发，但切记不要混淆出题的知识范围。其二，在错题整理中要寻求答题方向，在经过总结之后就会逐渐发现经济影响一般要考虑国内外两方面，国家、企业、消费者三个主体。其三，把答案分析或老师讲解的答案源于教材哪一句记录下来进行总结，比如看到古村落楼房要想到"物质载体"和"传统文化"等主干知识。

政治学科，可能偶尔会让你苦恼，但是翻过这座山之后，你会领略到它的美丽与包罗万象。这篇文章主要从记忆、主观题、客观题和错题整理等方面提供了一些方法指导，希望带给正在艰难备考中的你一些火花，对你的学习有所帮助。但是切记没有任何事可以一蹴而就，没有学过之后的落实和持之以恒的积累，知识不过是过眼云烟，心头一热不如立即翻开手边的题开始思考。"不驰于空想、不骛于虚声"，清华行胜于言的校风告诫每一个清华人和立志成为清华人的学子们，奔跑吧，梦想深藏心中，而光就在前方。

循环曲折中突破政治学习瓶颈

- 你还因不会背书而苦恼吗
  - 背诵政治的几个问题
    - 死记硬背偏多，没有抓到重点和记忆点
    - 没有及时复习，存在背诵时间的随意性
    - 背诵内容在做题时不能及时回忆起来
  - 背诵方法
    - 避免"作秀"，以记忆本身为目的，学会梳理知识
    - 与题目"共舞"，背书时要结合题目
    - 零碎的叮嘱
      - 背诵内容不限于课本
      - 早读为政治划出固定背诵时间
      - 和他人叙述课本

- 选择题经验
  - 明确数量
    - 备考游刃有余
    - 方便错题整理
  - 明确选择题基本注意事项
    - 勾画关键词→划去表达错误或固搭混淆选项→通读题干，对比选项，做出正确选择

- 如何实现政治大题的高分
  - 掌握基本的模板 —— 课本知识+材料分析
  - 宏观分析材料、微观分析材料、提炼信息

- 错题整理
  - 主动收集并概括
    - 对不同题型进行归类
    - 对常见的时政热点进行归类
    - 整理错题的过程也是思维发散和归纳总结的过程

学霸阅读笔记

阅读打卡

新的收获

小　结

4招让你纵横历史

伍廉荣

高考总分：**609**　文综：**210**

毕业于江西省南康中学

就读于清华大学社会科学学院

> 学习历史要有"纵横感"和"归纳逻辑"，既要能发散学习古今中外的历史史实，又要能总结归纳出历史规律。

　　学习历史久了会有一种"会当凌绝顶"的感觉，仿佛古今中外的事情都掌握在手，同时也会有渺小和凌乱感，感觉到个人在历史长河中的微不足道，这种矛盾其实跟历史学习的两个特质是紧密相关的。一个就是历史的"纵横感"：它有两个维度，古今时间的流动性和中外同一时间的横向差异。一个就是"归纳逻辑"的必要性：历史不同于物理、化学等学科，可以通过实验进行对照，历史是不可逆转的；也不同于数学等学科，可以通过坚实的公理假设进行演绎推理。虽然历史是复杂系统的演化过程，影响它的因素太多，但是历史是有规律的（这里说的历史特指人类社会历史），这个规律一般是人们通过有逻辑的归纳生成的。从历史史实的一般特征总结出一定的历史模板和范式，虽然这个归纳可能未必百分百正确，但它有助于我们理解历史和把握历史脉络。要想学好历史，如果不能深入理解上述两种特质，只是死记硬背，是很难学懂的。越早理解并掌握历史学习的特质，就能越早进行相关实践和自我提升。学习历史是有一定的学习方法和技巧可以借鉴的，下面就分享给大家几个高中历史学习中你能用上的招数。

向量轴法：记忆历史时间流动的不二法门

开篇我就强调了历史"纵横感"的重要性。其中的"纵感"就是时间维度上的延伸，在记忆时间维度的时候，很大的一个痛点便是时间的先后顺序以及对于不同时期的命名问题，譬如唐宋元明清的朝代顺序，我们一下子就记住了，但和它们相对应的历史纪元往往难以记住，或者对于时间顺序产生了颠倒的记忆，又譬如欧洲历史上的中世纪等，我们总能直观地记住它们的名字，但对于纪元并不敏感，常常陷入死记硬背的境地。

出现这种现象一方面是由于我们的大脑其实对于直观的形象（文

字、图画等）比较敏感，但是对于重复的数字（纪元等）不敏感；另一方面是因为我们常常割裂着学习纪元和事件，我们看完事件后往往只记住了大概时间，没有进行联系。要突破这个困境，我们就需要把历史事件和纪元紧密联系起来学习，自己进行归纳总结，向量轴法就是一个最基本的应用工具。向量轴法是通过一个时间轴把时间和事件对应起来捋顺，由于教学编排可能按照专题进行，因此时间上有所重合，这时就需要我们进行交叉并列，把不同专题的事件并列在同一时间轴上。这种方法并不高深但很实用，每个人都可以实践，不过在这里也必须提醒大家，网上很多教辅书上都有现成的梳理归纳和类似的向量轴，那也是一个不错的参考，但是真的要使得相关记忆深入自己的脑海中，最直接的方法还是自己亲手绘制，进行归纳，亲力亲为印象会更加深刻。下面我以历史必修一的中国古朝代为例给大家展示向量轴化。

前26世纪	前21世纪	前17世纪	前1046	前221
原始社会	夏	商（奴隶制）	周	秦：中央政府和郡设监察官

前206	220年	589年	907年	960年
两汉：汉武帝划分十三个监察区域，西汉御史大夫	魏晋南北朝	隋唐：唐代御史台	五代十国	宋：宋朝提点刑狱司

1279年	1368年	1644年	1912年	1949年
元（蒙古）：元朝御史台	明朝	清朝	中华民国	中华人民共和国

我们可以看到，上述向量轴都很简单，就是纪元和朝代，虽然我们看教材专题并没有严格按时间划分，但也必然是按照历史顺序演化的，如果不抓住历史顺序，纯粹记忆那些专题知识是很痛苦的。譬如君主专制政体的演化与强化一节，从秦朝皇帝制度到君权与相权、监察体制、选官制度和行省设置，每一段都有专有名词及其对应的朝代，这些历史史实就是很好的坐标点，是可以添加到向量轴里面的，如监察体制：在秦代是中央政府和郡一级设监察官，汉武帝规划分十三个监察区域，西汉则设御史大夫，唐代则设御史台，宋朝则设提点刑狱司，元朝也设御史台，等等。这些都是能够随着学习不断添加进入向量轴中的内容，而且随着这些内容的积累，我们会发现这个轴会慢慢形成知识树，你的记忆也会随之加深。另外细心的同学可能会发现，其实在每个时间阶段，随着历史史实的增加，会形成一个时间截面，那么这个截面就涉及了中外的比较。下面就给大家讲解第二招：如何运用时间截面对比历史事实。

横向对比法：对时间截面事件进行并列比较

上面我们重点提到了时间顺序的记忆，培养历史学习的"纵感"，这一部分就是要同大家强调"横感"，高中历史包含中外大事件，需要有横向对比的思维，如果没有这种横向的联想，那么做题也是很吃力的，我们会发现有的历史选择题常常是列举中国的某一个时期的历史事件，然后问国外同一时期发生的历史事件，同样历史大题的分析有时候也可以借鉴同时期国外历史事件的分析和影响。那么我们如何才能有效地培养"横感"呢？一个直接的方式便是横向对比法，即有意识地将同一时期发生的事件进行并列排序和对比，每个时期都做一次对比，每一册历史必修都是有中外专题的，很适合进行归纳和横向对比。在这里，给各位同学展示一个中外时间的对照表，一旦我们建立起了这种联想关系，很多事件都会变得生动形象了。

　　同时可以用于这方面的另一个工具便是思维导图。思维导图非常适合横截面事件的对比和分析，如何运用思维导图呢？其实就是截取某一个截面的中外历史专题进行同步记录整理。譬如清朝对应国外的法国拿破仑帝国、英国的光荣革命和美国的独立战争，那么就可以将两个专题的知识点并列起来画思维导图。

中国	西方
春秋战国	波斯帝国、希腊城邦、马其顿帝国和早期罗马
秦朝	罗马共和国
西汉	罗马共和国
东汉	罗马帝国
隋唐	加洛林王朝（法）
宋朝	拜占庭帝国、神圣罗马帝国
元朝	拜占庭帝国
明朝	萨曼王朝、奥斯曼帝国
清朝	法国拿破仑帝国、英国光荣革命和美国独立战争

逻辑归纳法：你一定要记住的几个历史分析维度

开头说过历史规律大部分都是总结归纳出来的，只要是总结归纳就有规律和模板可以遵循。这些规律课本上会提到，老师上课会讲到，大家刷题也会做到，都是可以记牢直接套用的，其中有部分需要大家自己积累体会，同时有些大题也是需要具体分析的，没有现成的模板可以使用，但是记住常用的历史分析维度是十分必要的。下面讲三大维度供大家学习，大家可以灵活借鉴。

经济维度。经济维度下又分古代和近代的两个方面的分析维度，古代经济的分析模式与近代经济的分析模式有所区别。对于古代经济，经济分析维度由经济制度、经济政策、经济部门（农业＋手工业＋商业）、经济结构和经济布局组成。对于近代经济，经济分析维度包括经济发展要素、经济成分和国际经济。我们分析古代经济，要从历史材料中找到并对应相关的分析维度，有的历史维度是可以在材料中直接对应的，回答的时候直接总结归纳，但是有些历史分析维度是隐含的条件，譬如材料给的年代是春秋战国，然后提供了一个农具的图片（如青铜耕犁等），那么我们在课本上学习的关于春秋战国的经济制度、政策以及发展的知识都可以自然地对应起来直接使用了。

具体来讲，古代经济维度中的经济制度包括所有制度、分配制度等；经济政策包括总政策基调、土地政策、税赋政策和劳动力政策等；农业部门分析包括人口、土地、工具、水利、作物和布局等；手工业经济包括纺织、冶矿、陶瓷等；商品经济包括城市、交通、市场、货币和贸易等；经济结构的分析则是侧重经济成分比例的变化（譬如农业、手工业和服务业的占比）、经济中心的变化和经济方式的拓展（譬如资本主义萌芽等）。近代经济维度中经济发展要素包括技术、资金、市场、原材料、劳动力、经济结构（一、二、三产业的结构变化）、政策和经营方式等；经济成分包括自然经济、贸易、国有、私有、集体和个人等；国际经济分析则包括总格局（经济中心等）、国际贸易、资本流动等。

政治维度。政治维度也是高中历史的常考点，它大体分为古代政治、近代政治和国际政治三大部分。每一个时期的政治分析都有其特色，但大体相似，主要包括政治制度分析、政治体制分析、政治政策分析、阶级分析、民族分析、外交分析和军事分析。可以发现，经过罗列和对比日常考试做题的经验，基本上分析维度包括在其中了。

文化维度。文化部分的分析主要分为自然科学、社会科学和文化交流三个部分。自然科学包括科学理论的发展和科技发明的进展，社会科学方面则包括思想、宗教、教育、文学和艺术等，而文化交流则包括民族内的交流、对外传播文化以及文化地位的阐释。

当我们掌握了上面几个维度的大体分析框架之后，我相信起码大家不会再有遇题不知如何下手的尴尬，同时在这里向大家强调一下答题的规范问题——我们在回答问题要点时，最好在开头把自己的分析维度要点写出来，让阅卷老师一目了然。

高效复习法：教你如何在两周内复习完历史书

在高考前两个月，我就已经把历史必修三本书从头到尾复习了四遍，平均每两周一遍，每次都有新的收获。这里就教你怎么在两周内把历史书高效复习完！要想实现高效复习，需要两个工具：第一个就是阅读计划表，第二个是高效阅读法。请注意，以下所述的高效复习法只是适用于高三的复习方法，是建立在已经通学完全部必修历史教材后的复习。这个时候艾宾浩斯遗忘曲线的应用关注点在于如何把之前的学习记忆唤醒，而非高频地重复看，所以我们下面的阅读复习计划没有提及重复阅读，是希望通过全教材回顾从而更好地复习历史，而且利用的复习时间段也是和学校课时安排紧密联系的。一般来讲，如果高中没有早自习，建议自己早起设立早自习，也就是早上6:20～7:20的一个小时自习时间；晚自习阅读时间的设立，也就是下午6:40～7:20这40分钟的相对空闲时间。要实现高效的阅读和复习，最起码要保证有这两个学习时间段。

先说第一个工具阅读计划表。我们首先要理清高中三册历史必修教材的专题分布，历史必修一有9个专题，必修二有8个专题，必修三有8个专题，这25个专题怎么在14天内复习完呢？如何做计划呢？可以参考如下的安排进行计划表的建立。一般我们一天复习两个专题。可能大家看到这个复习计划表觉得太满了，一天看不完，但是记住我们要看的是已经全部学习过一遍的课本，这里所述的阅读是复习阅读，是有详略的，如表：

第二个工具就是高效阅读法。效率的提升在于对固定规律的把握，我们阅读历史专题时只需要关注重要的几个点，掌握主要内容，就能更快地阅读（如果有一目十行且记忆比较好的同学，这部分可以略过）。阅读专题我们主要需要把握以下几个重要的点：时间、地点、事件阐述、事件定义、事件意义、事件影响。同时阅读记忆需要注意从大到小，也就是我们要关注一级标题、二级标题和三级标题，它们是内容的高度概括，同时也是层次的鲜明划分。最后有一个非常重要的部分——

教材边边角角的阅读材料！这一部分是我们复习中需要重点关注的，有时主干没有涉及的内容，都是通过附加阅读材料补充的。

上述就是提供给大家高中历史学习的四个"秘诀"，希望能够帮助大家更好地学习高中历史！

天数	必修与专题
1	必修1：专题一、专题六
2	必修1：专题二、专题七
3	必修1：专题三、专题八
4	必修1：专题四、专题五
5	必修1：专题九+学习探究模板的复习
6	必修2：专题一、专题五
7	必修2：专题二、专题六
8	必修2：专题三、专题七
9	必修2：专题四、专题八+学习探究模块复习
10	必修3：专题一、专题二
11	必修3：专题三、专题四
12	必修3：专题五、专题六
13	必修3：专题七、专题八+学习探究模块复习
14	三本必修专题总回归和画思维导图

学霸阅读笔记

阅读打卡

新的收获

小　结

把地图存进脑袋里

杨子悦

高考总分：681　　文综：254

毕业于陕西省西安高新第一中学

就读于清华大学经济管理学院

> 　　地理是一门围绕地图的学科，因此要学好地理，最核心的就是把地图存进脑袋里。背地图不仅局限于简单的轮廓，而且需要特别关注一些重点区域，最终的目的是让我们脑子里的地图由平面转为立体，覆盖不同的方面。

　　地理一直是我非常喜欢的一门学科，尤其进入高中后，可以说是对地理的喜爱激励着我选了文科。我的地理，在成绩上顺风顺水，但投入的精力并不多——我在地理的学习上找到了"窍门"，所以学起来既轻松又乐在其中。

地理，可以说是一门“文科中的理科”。很多文科思维的同学觉得地理过分考查逻辑推理，而理科同学又觉得地理需要记忆的东西太多，所以不少同学都觉得这门课不好学。我记得有位同学曾在聊天时抱怨：“我们平时学地理的时候背了那么多东西，但是在高考真题里面根本用不到啊！”事实果真如此吗？高考卷子上那些不明所以的地图、极其特殊的地理环境、让人摸不着头脑的简答题，真的只能靠背答案和猜吗？课本知识与考试题之间的鸿沟到底应该如何跨越呢？对于诸如此类问题，我的心得就是一句话：把地图存进脑袋里。

找到学习地理的真正问题

在高中学习地理之初，我并未找到合适的方法。尽管自己本身很喜欢这门课，对于课本上教的内容也基本都掌握得差不多了，但是总感觉课本和习题之间有些说不上来的区别。随着高二进入文科班，我也逐渐发现了一个问题：平时课本上学的东西都太过理论化，而如今的高考题越来越活、越来越新，甚至有点偏、难、怪。如果仅靠课本上学习的那些气候分布图、植被分布图、季风洋流等，显然是根本不够的。用一句网络流行语来说，就是“授人以鱼，考人以鲫鲃鲀鱿鲃鲂鲉鲌鲄鲆鲅鲇鲏”，即课上学的东西和考试考的东西根本不是一个难度等级的，让人摸不着头脑，上了考场让人恨不得两眼一闭、听天由命。

　　进入高二后，我所在的高中就地理课而言老师不再按照课本讲课了，而是买了专门的比较全面的辅导书当教材，进行更透彻的区位地理学习。大概老师也知道课本根本不足以覆盖考试内容，所以必须强化对区位的认识。老师还带着大家买了很多种不同版本的地图、地球仪，有的是包括气候、人口、地形等各种分布的一本厚地图册，有的是三维立体能够反映地形变化的地形图，有的是便携、便于增删和记笔记的地图。地图买了不少，但真正做题的时候，还是得打开地图来翻找，这在高考里是绝对不可行的。我开始意识到，地图买得再多，都不如把它真正印在脑子里。如果在自己的脑海中形成一个完整的能够放大缩小的地图，里面涵盖了各种自然地理和人文地理的要素，那在遇到题的时候，只需要截取其中的一小块，就能做得得心应手。

走上手画地图的道路

　　面对这样的问题，我开始寻找合适的学习方法。我也试过勤于记忆，勤于积累，但是不得不承认自己背下的东西往往是支离破碎、相互分离的，难以联系成为一个有机整体，这是拖慢我做题速度、降低我做题准确率的很重要的一个原因。在逐渐探索中，我发现学得好的人包括老师，都能对地理知识信手拈来，就像把地图存进脑子了一样。我断定，要想拿到高分，这就是症结所在。但是，"把地图存进脑子"，是一个太抽象的说法，究竟如何才能行之有效呢？

185

首先，最基础的就是对地图本身轮廓的识记。相信每个学过地理的同学都掌握了一身徒手画地图的本领，那自己画的地图究竟精准程度如何呢？在画了几次地图之后，我发现，我画的地图并不精准，比如哪里的经纬度如何、哪里的海湾或者峡湾没画出来……这并不是对无关痛痒的东西太过较真，而是这些东西确实很重要。如果我今天认认真真地画了某个经纬度上一个形状很奇怪的海湾，并且记住了它，刚好日后的考试中就出了这么一个位置，别的同学可能还得通过经纬度、区位、地形来推算，而我就已经第一时间知道它在哪里了。

地图也可以有很多种画法：用不同颜色表示不同海拔，世界上分大洲，中国分省份以此画地图；打一个经纬度的格子，然后按照经纬度来"默写"世界地图；用不同的颜色表示不同的气候或者植被，画一个气候或植被分布图等。俗话说，眼过千遍不如手过一遍，自己照着地图临摹多了，也就逐渐对地图的基本轮廓背得八九不离十了。

其次，是对重点区域的关注。我所说的重点区域，不是考试常考或者易考的区域——我们都知道，高考考查的区域总不在我们的意料之中。我这里说的重点区域，指的是那些地图里一定要熟记于心，并且可以由它推理其他地方特征的区域。比如，一些特殊地理标志和特殊城市的经纬度一定要记得，因为它们可以帮助我们在做题的时候迅速定位题中的区域到底属于世界上的哪一块位置。哪些区域需要记经纬度？除了各大洲分界线、世界知名城市等，还需要记一些处于气候分界、降水分界、植被分界或者地形特别复杂的地方的经纬度。对于数字的记忆，就见仁见智了。除了经纬度，还需要记下这些重点区域的我们能掌握的其他信息。不管是自然地理还是人文地理，只要与这个城市或者这片区域相关，就一定要记住，最好和这个区域整个捆绑起来一起记：只要提到这个城市，就能立刻反应出这里修过什么铁路，这里种的是什么粮食作物、什么油料作物，这里的农林牧渔业是什么发展水平，这里的地形如何，哪边吹什么风向的风，这里什么季节降水多，什么季节日照丰富，这里的人是什么肤色、讲什么语言、有什么宗教信仰，这里有没有洋流经过，这里有没有什么特殊的非地带性……对重点区域的记忆，可以起到一个非常明显的效果：当我们在考场上遇到一个陌生的地方的时候，不致两眼一抹黑，可以通过辨识经纬度找到它临近的区域，以此来迅速对陌生地区进行定位。

此外，脑海中的地图绝不是一个简单的二维平面，而应该是一个多层次的立体地图。我发现之所以自己记住的东西有些支离破碎、不成整体，就是因为我脑海里的地图总是以平面形式出现。更直白点说，就是气候类型一张图、行政区划一张图、降水量一张图、植被类型一张图、地形一张图……这样下来，尽管我们看起来也是在背地图，但它们根本没有连接在一起。除了像秦淮线这样兼具0度等温线、800毫米等降水量线、水田旱地分界线等许多个重要作用的重点地理区域我可以通过强行记忆记在脑子里以外，对其他地方的整体特征我其实并不敏感。举个例子来说，如果现在摆在面前的是一道关于黄土高原的某区域的题目，那我第一反应可能是：黄土高原，水土流失严重，最多再根据它的地理位置推断出它所在的省份、第几阶梯、气候类型，但这显然对做题而言是绝对不够的。如果题目不问，我是不会自己联想到它的植被、作物、交通、人口、文化习俗、地质构造、非地带性、生物多样性等其他层面的问题的。

所以，我必须在自己脑海中逐渐建立一个丰富多样的"地图库"，才能像老师那样对所有知识信手拈来。这是一个很大的工程，要真的想从死记硬背到形成有机整体，肯定需要一个漫长的过程。积累的方法我也尝试过许多种：纠错、做笔记、分地区整理、大量刷题……但是后来我发现这样东一榔头、西一棒槌的积累方式并没有太大用处，虽然看起来做了不少工作，但到头来什么都没有真正记到脑子里。也就是说，效率不高。为了解决此问题，我决定"战略放弃"一些对我来说比较低效的方式，比如做笔记。我是个不喜欢记笔记的人，尤其在地理这门本身我就有一定优势、基础知识比较扎实的学科上。对我来说，在课堂上与其一直埋头记笔记，不如认认真真听老师讲内在逻辑，在脑子里分析、思考，这样要比单纯花时间记笔记、复习笔记更高效。

我开始用纠错的方式积累：我选择了一个足有1厘米厚的大本子作为地理专用的纠错本，开始认认真真记录错题和有价值的题目。不同于大多数同学复印错题，剪下来贴在纠错本上，我都是纯手抄题目、徒手画图的。学地理的同学都知道，很多地理题目尤其是大题的题干是非常长的，所以有时候我抄一道题就得花十几甚至二十分钟，再画五六分钟的图，整个纠错下来抄题的时间就占了很大一部分。尤其是高三这惜时如金的时候，这样"浪费"时间确实太有负罪感，我也思考过是否应该像其他同学那样复印题目，但后来我还是放弃了。我发现，手抄不仅仅有一种成就感，而且更重要的是能让这道题真真正正印在自己脑子里。试想，如果自己的纠错本全是复印的题目，那这和我打开练习册或者试卷进行复习有什么区别呢？再加上徒手画图又是一次对局部地图的记忆加深，可以说手抄题目对我而言是利大于弊的。每积累完一道题目，我都会把相关的知识体系或者知识点再复习一遍，有时还整理在旁边。

为什么要通过整理题目的方式来积累呢？因为做题是最贴近高考的一种方式，也就是说，模拟题本身就是一座架在课本知识与高考题目之间的桥梁。只要能把模拟题搞懂，就可以很大程度上缩小理论与实际之间的鸿沟。因为我自己本身基础知识比较扎实，所以简单题目都可以一遍过；而有一些有难度的题目，就是我的薄弱之处，是我取得高分路上的"拦路虎"，所以一定要积累下来。通常，这些较难的题目"脑洞"比较大、设问偏和怪，也会涉及一些非重点区域。这些东西在平常的学习或者简单题里面是很难见到的，只有通过做题才能逐渐开阔眼界、增长见识。而且，多积累题目之后，很有可能在考试中碰到原题或者类似的题目。因为地理可以考查的方面也就那么多，只要做的题够多、积累的题目够多，就基本能覆盖百分之八九十的考查点。因此，通过做题，我们可以把自己脑海中的这个"地图"扩展到更丰富的层面，比如这个地方冬天湖水是从外到内结冰还是从内到外结冰、这个地方的鱼适应什么样的水温、这种作物专有的特性等。一旦把我们脑海中的"地图"丰富到这个层面，那这个"地图"基本也就完整了。

努力刻在脑袋里的地图终于给了我回报

通过长时间的努力，我逐渐发现自己的脑子里也存进了一张宏大的

"地图"。令我印象深刻的一件事是，高考结束之后我跟几个理科同学一起去南方的五六个省旅游了大半个月，每到一个地方，我都感到有一种实地探访地理书上区域的亲切感，而且能对这个地方的植物、气候、岩石、风土人情讲得头头是道。最终，我的高考文综也取得了非常不错的成绩。在当年全国卷难度略大的情况下，地理选择题我做到了全对。我想，这也算是付出之后的回报了。

想要学好地理，就要做好面对一项浩大工程的心理准备。我的心得就是：把地图存进脑子。如何真正把地图存进脑子呢？只要识记轮廓、熟悉重点区域，通过纠错、整理题目等方式寻找适合自己的方法，让自己脑子里的地图逐渐由平面转为立体，就能取得不错的成果。

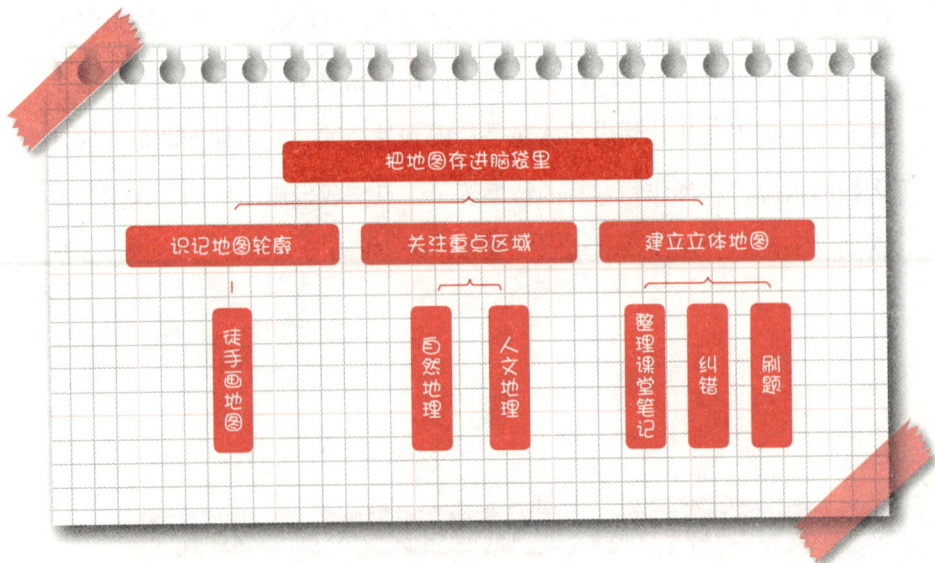

学霸阅读笔记

阅读打卡

新的收获

小　结

04

家庭教育篇

教育家

蔡元培先生说

家庭者

人生最初之学校也

只有良好的家风、家教

才能培养出优秀的人

家庭教育并不是

父母给孩子提供

多好的物质条件

多么优越的学习环境

而是父母能够

以身作则

给孩子起到榜样的作用

从家启程，行者无疆

李 昊

高考总分：**697**

毕业于天津市南开中学

就读于清华大学经管学院

良好的家庭教育是促使孩子努力学习，考上好学校的必要条件，本篇文章主要阐述高中阶段父母对孩子的教育和影响，包括该依据哪些方面选择学校、如何培养孩子独立生活的能力、当孩子处于情绪低谷期作为父母该如何去安慰和劝导，以及当他们遇到挫折时该如何进行鼓励。

高中择校

当最后一朵海棠优雅地划过空中落进泥里；当斑驳的叶中传来蝉不

知疲倦的吟唱，当头顶温和的日光变成火辣的骄阳；当课桌上的试卷越擦越厚，墙上挂着的日历越撕越薄——夏天到了。初中毕业那天，我们送给母校"由此向，及远方"的铜牌被镶嵌在了教学楼的墙壁上，我的内心也暗暗埋下了向往远方的种子。

我考上了南开中学。

但是家人不同意我去天津上学。

母亲的理由很充分，即使不去天津，就读家门口那所全省最好的省实验中学，将来大概也能考上一所不错的高校；从小看着我长大的外公外婆也极力反对我远走他乡——因为这意味着他们一年中可以见到我的次数寥寥无几；表弟则哭闹着说还没有和我玩够……

这所有的理由几乎让我无法反驳，我并不想高中就离开家，到那么远的外地去上学，不想这么早就离开自己的舒适区，但心中总有一种声音、一种感觉，撺掇着我到外面去闯一闯，我不想失去这样一个机会，哭着、闹着，就是想去外面的世界看一看，但家人的反对让我几乎看不到独行的希望。

这时候爸爸站了出来，他把我拉到一边。

"孩子，你想好了没有，这次做了决定，可没有后悔的机会了。"

我认真地点了点头，一字一顿地说："自己做出的决定，我不会后悔！"

于是爸爸向我保证，只要我下定决心不后悔，妈妈和外公外婆的思想工作他来做。

就这样，15岁那年，我独自坐车一路北上，来到了一座陌生的城市。

考上大学之后再回想起这些，当年父亲的支持给了我相当大的信心，说实话如果那时所有的家人都反对，我是否能够坚持自己的想法还是个未知数，但正是父亲对我的支持，仿佛给我吃下了一粒定心丸，也让我少了后顾之忧。对于孩子而言，大多时候更需要的是家长给予他们支持，肯定他们深思熟虑后做出的决定，而非一味地替他们做决定。高考之后选专业时也是如此，如果孩子有自己的考虑，希望家长经过了解后最好能遵从他们的想法和意愿，不要一意孤行。

离开家后的不适应

"我欲乘风破浪，踏遍黄沙海洋，与其误会一场，也要不负勇往"，报到那天，我的耳机里一直单曲循环着这首《七月上》。为了锻炼我独立生活的能力，父母没有同行，而是让我一个人带着行李远赴离家300公里外的天津，在家长堆里办理入住手续，自己整理好床铺，从行李箱中把带来的东西一件件码好摆在桌子上。室友的家长帮他们整理好用品后带他们一起离开了宿舍，整层楼里的人越来越少，夜色渐深，突然意识到自己现在只能住宿舍，我不自觉地鼻子一酸，强忍住泪水不让它落下来，心中不免委屈，一遍遍反问自己："为什么非要跑这么远来上学？"陌生的环境，陌生的同学，第一次离开自己的舒适区让我颇感不适应，想家，尤其是在夜色渐深的时候。

于是我拨通了家里的电话。

"为什么不去和其他宿舍的新同学聊聊呢？"

"可我和他们不熟。"

"朋友，一开始都是不熟的，交流多了，自然就熟了。你想想，开学之后，你还要有新的朋友，一辈子不是只有原来的朋友的，你和老朋友固然熟悉，但你总要有新朋友的，不是吗？父母也是如此，我们只能陪你走人生中的一段路、更多的路，更远的路要靠你自己去探索。"

"嗯，您说得很有道理，我尝试去和他们聊聊。"

"早晚都要迈出那一步的。"

"嗯，一切都是新的开始、新的征程、新的旅途。"

"是啊，既然你现在也没什么事情可做，不如去试试交些新朋友，我觉得这种时候是不会有人拒绝的。希望你在那边快点适应，一切都好起来。"

"嗯嗯，我相信我会的。"

"要用好的心情迎接新的开始，这样我们才能放心。"

就这样，我来到还亮着灯的其他宿舍。在与他们的交谈中，我发现其实大家的内心都像我一样孤独、想家，只是很多人还没有鼓起勇气走出宿舍去交新的朋友。

世界上有太多孤独的人害怕踏出第一步。

当勇敢地踏出了独立生活的第一步，也就开始了成长。

孩子总要面临成长，面临离开家的那一天。当刚刚离开了舒适区，来到一个陌生的环境，想家是不可避免的，这时父母的引导对培养孩子足以独立生活的自理能力尤为重要，此时的孩子就像一只风筝，该放手的时候，就要适当放手，因为只有放手，不断地拉长牵着风筝的线，风筝才能越飞越高。

迷茫、低谷

高二那年的六月，酷暑，炎热难耐。

由于各种原因，那段时间我陷入了情绪的低潮期，学习的动力也略显不足，加之在临近期末考试时，大腿下侧长了一个脓包，不小心压到就会觉得格外难受，考前一晚只能趴在床上休息，无法翻身。或许是因为腿上的疼痛，又或许是因为临考的紧张，辗转反侧，难以入眠。我十分担心刺骨的疼痛会影响考试状态，甚至担心在考场里我会因此而疼得无法入座。

连日来积累的负面情绪顷刻间爆发了出来，"我不想去参加期末考试了"，我丧气地对父母说完便开始玩起了手机。

他们什么都没说，过了一会儿，母亲端来一盘削好的水果静悄悄地放在我身旁的桌子上，果盘旁放着一张她手写的便签条，上面写道：

"聊天时，我们总会不由自主地谈及理想，想去哪个大学；有着怎样的志向。尤其在当自认为任务完成得已经够多了，或者不想再用功的时候，总会去天马行空地想那些关于未来的问题。但你可曾想过，当你的思绪天马行空的时候，当你放下书本玩手机的时候，当你抛下作业开心地和大家闲聊的时候，那些你心里羡慕的、优秀的人，他在做什么？其实他一直在努力，始终没有松懈，所以，他自然更加优秀。

只要你自己不放弃，没有人会放弃你。"

看完这些，我的眼眶湿润了，我想起了尼克·胡哲写给自己的信中的一段话，"每一个优秀的人，都有一段沉默的时光。那一段时光，是付出了很多努力，忍受了很多的孤独和寂寞，不抱怨不诉苦，只有自己知道，而当日后说起时，连自己都能被感动的日子"。能决定我未来命运的，只有我自己，任何的自暴自弃都是不可取的。剑未佩妥，出门已是江湖，但因为有父母的支持和鼓励，让我不致一入江湖就深陷其中。

高三，拼了！但愿一年之后，能涅槃重生。

或许是青春期，又或许是叛逆期，高中时期的我们内心敏感，总会有一个又一个怀疑自己内心的情感低潮期，这个时候父母的引导起到了至关重要的作用。尽管这个阶段的孩子可能并不愿意向父母敞开心扉，但父母还是要悉心留意孩子在生活中的一举一动，一切的自暴自弃都是有原因的，千万不能不弄清缘由就加以斥责。小心呵护、陪伴孩子走出这段阴霾才是最理想的做法。

受挫后的鼓励

海棠花开了又落，浓荫的树叶上再度传来聒噪的蝉鸣，夏日又至，高考也一天天地临近。进入最后的冲刺阶段，面临高考的重压，每个人几乎都会表现出坚强的一面，但难免内心脆弱，任何小的挫折都有可能引起内心的极大波动。

毕业前夕，北大招生组的老师在与我谈话时，我感觉在综合评价招生中我将会获得一个不错的等级评定，这也意味着我有很大的概率在参加考试之前就能拿到一定分数的降分优惠，加上对历次月考的成绩还比较有信心，我内心认为降分的事已经板上钉钉了。

但没有意外，怎能称得上生活？当初审结果出炉的时候，我意外地发现自己并没有得到预想的等级评定。看着周围曾一同参加过谈话的同学纷纷通过初审，我逐渐变得沮丧、焦虑甚至颓废，心中的落差感使自己很难受。

但是父母的鼓励和支持让我重新振作了起来，我也清楚在这关键时期良好的心态和强大的内心有多么重要，其实境遇也没有想象中的那么不堪，彼时的我，依然手握清华大学的"良好"等级评定，依旧有很大的机会拿到中国顶尖高校的降分优惠。

记得父亲在初审结果出炉后是这样安慰我的，他说："很多时候我们之所以感到焦虑，是因为我们习惯把生活中的每一件事都当作一场比赛，放到赛道上去和别人较量，但其实并不是每一件事都是一场比赛，哪怕比赛本身。鱼和熊掌不可兼得的道理我们都明白，但当真正需要选择时，我们常常贪婪地都想要。其实在以后的日子里，找准自己的方向才是最重要的，对于不属于自己的，能够勇敢放下，对于属于自己的，要坚持下去毅然前行。无论进退，皆有欢喜。"

三天后的毕业典礼，毕业生和家长填满了能容纳将近2000人的大礼堂，高三的各项表彰也会在这一天发放。"天津市优秀学生干部，……高三十三班 李昊"，当主持人宣读属于我的荣誉时，坐在二楼的爸妈应该听到了，他们一定听得很清楚吧。这天晚上，我更新了许久未变的QQ个性签名——"乘风好去，长空万里，直下看山河"。

生活就像通向桃花源的那个洞口——"初极狭"，但总是"仿佛若有光"，"复行数十步"，便"豁然开朗"。我们不知道未来是什么样的，但总觉得它是隐隐约约向着光明的。

生活，未来，高考，仿佛若有光。

当孩子遇到挫折，或在学校的考试中取得的成绩不理想时，切忌苛责他们，尤其不要总是把"别人家的孩子"作为标杆挂在嘴边，这时他们更需要的是安慰和陪伴，和孩子一起找到失败的原因，并且争取相同的错误以后不要再犯，才是最有效的解决办法。

结　语

当英语考试的截止铃声响起，一切都结束了。我长舒一口气，怀着无比轻松的心情走出考场，没有想象中的哈哈大笑，也没有捧着鲜花相迎的父母，有的只是一颗不负过往的内心，如释重负的相视一笑。夏风依旧是一股热浪，但使我浑身舒畅，鸟儿在叫，树枝在摇，孩子们在跑、在闹，而我，看着他们，在笑。

其实大多数时候，父母对我的影响和教育是潜移默化的，想必这就是大爱无言吧，尽管我知道他们也许并不擅长用语言表达什么，每次安慰也没有长篇大论，但总能说到我的心坎里去，这也许得益于他们平时对我的悉心观察吧。

一颗心，曾跋涉千山，看天高邈远；一场梦，曾徜徉万水，不问归途。

从家启程·行者无疆

考上南开中学，家人由反对到支持
对孩子而言，大多时候需要的是家长给予他们的支持，肯定他们深思熟虑后做出的决定，高考之后的专业选择也是如此

背井离乡求学，独立生活
孩子总要面临成长，面临离开家的那一天。当离开舒适区，来到一个陌生的环境，想家是不可避免的，这时父母的引导对培养孩子独立生活的自理能力尤为重要

家人的鼓励让我走出低谷与迷茫
高中时期的孩子内心敏感，总有怀疑自己内心的情感低潮期，此时父母的引导起到了至关重要的作用。父母要悉心留意孩子在生活中的一举一动，千万不能不弄清缘由就加以斥责

家人的安慰让我战胜挫折
当孩子遇到挫折，或在学校的考试中取得的成绩不理想时，切忌苛责他们，更不要总把"别人家的孩子"挂在嘴边，这时他们更需要的是安慰和陪伴，和孩子一起找到失败的原因，并争取同样的错误不再犯，才是最有效的解决办法

良好的家庭教育是促使孩子努力学习、考上好学校的必要条件

学霸阅读笔记

阅读打卡

新的收获

小　结

家庭教育对我的成功举足轻重

于思瑶

高考总分：**639**

毕业于辽宁省本溪市高级中学

就读于清华大学人文学院

> 很多心理学研究表明，家庭环境和家庭教育对孩子的影响是潜移默化的，且是深远持久的。我们接受的教育除学校教育、社会教育外，更重要的就是家庭教育。孩子不认真学习使很多家长头疼，其实家长自身需要反思一下教育方式是否正确。

谈到家庭教育，我自己也有很深的感触，每一个优秀的学生背后都会有优秀的家长支持着。我认为自己能得到今天的成绩，很大程度上归功于我父母的支持、鼓励和良好的教育方法。

注意从小培养良好的学习习惯

和很多家长交流后我发现，无论是哪个学习阶段，小学、初中，还是高中，家长们最关切的大多是：如何提升孩子的成绩，孩子应该怎样学习，孩子沉迷游戏无心学习该怎么办……其实我很能理解家长的焦虑和急切，因为每个家长都希望孩子可以更优秀。其实这些并不是某一个阶段存在的问题，而是孩子从小没有养成一个良好的学习习惯造成的，俗话说"冰冻三尺非一日之寒"，从小培养一个好的学习习惯是很重要的。生活中经常会碰到有不少家长问这样的问题：孩子一年级阶段应该怎样提升数学成绩？甚至有一些家长在孩子上幼儿园时就开始为他规划学习。我认为这些家长有些操之过急，在孩子小的时候培养一个良好的学习习惯比单方面被动教育重要得多。良好的习惯可以使孩子自主学习，而并非一味地灌输、看管。试想，在孩子小的时候我们可以管得住，当他们长大了还可以吗？所以，培养学习习惯才是这一阶段的重要内容。

如何培养孩子良好的学习习惯呢？结合自身经历，我认为家长需在学习方面引导他们，进行陪伴式学习，做到和孩子一起学习，一起进步，起到榜样带领的作用。其实小孩子在一开始自身通常是没有主动学习的意识的，这就需要家长的正确引导。我从小学开始学习牛津英语和新概念英语，课前妈妈总会叮嘱我上课要认真听讲，做好笔记，甚至有时她还会陪我一起上课，并在课后和我交流这节课的学习内容，帮助我学习、梳理和巩固这节课的知识点。而且在英语学习中背诵记忆很重要，妈妈就会陪我一起复习，帮助我更好地理解这节课

205

的内容，之后背课文会轻松很多。如果家长不了解孩子的学习情况，只是口头上让孩子好好学习，实际自己却在一旁玩手机，这样不仅没有起到正确引导孩子学习的作用，反而会有负面的效果，孩子会模仿家长的行为。正是由于父母从小的培养与引导，我才逐渐养成了良好的学习习惯：初中开始就能自觉做到课上认真听讲，课后及时梳理，认真完成作业。如果家长还在为孩子的学习习惯感到焦虑，就应该注意对孩子的引导方式。

培养阅读的习惯，激发学习的兴趣

除了学习习惯的培养，对于初中以下的同学们来说，培养阅读习惯同样非常重要，这也是激发学习兴趣的重要方式。培养阅读习惯，就是要引导孩子多读书，这需要家长做好榜样。有些家长一边为孩子不爱读书而发愁，一边自己依旧一直玩手机，自己都做不到的事如何去要求孩子做到呢？因此这也需要家长以身作则。

我从小读了很多书，四岁左右的时候父母就开始给我读童话故事，从小看过的故事书数不胜数，正是由于家长从小给我读故事，我才对故事内容产生了很大的兴趣，这也为我后来的学习奠定了部分基础。读小学时我很幸运，遇到了一个非常重视阅读的老师，班级中会设置一个图书角，同学们把自己的课外书都拿到学校来，大家交换阅读，主动利用资源，在这个阶段我读了不少书。那时候，电子产品还不像现在这样普及，每天放学后的娱乐活动除了出去玩，就是在家里看书，因此从小养成了爱读书的好习惯。我不认为读书是一个任务，是一件无聊的事情，反而认为读书非常有趣。这并不代表电子产品不利于孩子成长，只是我们需要注意使用方法，尤其是在当今很多孩子沉迷电子游戏、网络小说，家长就更需要注意对孩子的引导，适时利用电子产品，让孩子看一些科普性质的课程，或者阅读一些电子名著。电子产品并不是百害而无一利的，关键在于我们如何利用，这同样需要家长引导。

小时候家里很注重营造读书氛围，从而也激发了我对阅读的兴趣。不仅我自己，还有我的父母也都比较喜欢读书。除读书之外，我也会和爸爸一起看京剧、听评书，这些戏剧故事也给我留下了很深刻的印象，我想这大概也是我后来对文史类知识特别感兴趣的原因吧。通过我的经历可以看到，家长对孩子的影响是很深远的。可能有一些家长根本没有注意到的细节，却对孩子产生了很大的影响。家庭教育不仅是说教、批评指责，更多的是言传身教，家长的日常行为，如休闲娱乐方式、学习态度、生活态度等都会对孩子造成直接的影响。

重视孩子的学习，了解学习情况

很多家长都想问怎么样可以让孩子专心学习，怎么做可以让孩子学好数学……我曾经专门研究过这些问题，发现很多家长只是忧心于孩子的学习成绩，却从未真正了解过孩子的学习情况（包括上课听讲的状态、课后作业完成情况、对待学习的态度、心理状态等），这些情况除了需要家长自己观察，还需要和孩子、老师进行交流。很多家长甚至和孩子的班主任都没说过几句话，跟孩子也从不沟通，只是一味地要求、督促，甚至批评指责。这样做又怎么会对孩子的学习起到帮助作用呢？

在小学阶段学习的知识点比较简单，课后父母也能给我做一些辅导，他们通常会和我一起分析近期的学习情况，即使我的成绩下滑，他们也不会只一味地批评我，而是和我一起寻找导致成绩下滑的原因，寻找薄弱的知识点，鼓励我解决问题。在孩子的成长过程中会出现很多问题，不仅仅是学习上的，其他方面也会有。遇到问题，家长要做的应该是给予孩子正确的引导，帮助他们解决，而不是批评谩骂。每个家长在教育过程中或多或少会犯错误，因此，给孩子一个平等的家庭地位，遇到问题一起去解决才是最合理的。

给予孩子支持很重要

上述经验适用于孩子还小的情况，等他们长大了，问题可能有所变化。很多家长表示孩子上中学后，自己没有办法帮助他们解决学习问题。这种情况是再正常不过的了，我上中学后也都是以自主学习为主了，因为家长在知识方面不能给我答疑解惑，即使这样他们依然会和我交流，了解我的学习情况。在孩子的成长过程中，家长不仅仅是一个监督者或者教育者，更重要的是和他们一同成长，在我儿时学习压力还不是很大，父母经常利用空闲时间带我出门运动、旅游……除学习成绩外，阅历的增长也是非常必要的。我家的教育观念就是"读万卷书，行万里路"，父母并不会要求我在书桌前坐一天，而是希望我将实践和书本相结合。在家里，妈妈比较重视我的学习成绩，而爸爸更希望我可以多出门看看、接触社会。正是在父母这样两种风格迥异的教育方式下，我在好好学习的同时也开阔了视野。

其实在提高学习成绩这方面，家长能做的真的非常有限。因为学习的主体还是孩子自己，家长再急也不可能代替孩子去学习，而且随着孩子年龄的增长，尤其到了中学，家长可能对孩子的学习更是无法提供实质性的帮助了。这正说明了从小培养孩子一个好的学习习惯的重要性，习惯是会伴随孩子一生的，而监督、看管只能是一时的。

家长对于处在中学阶段的孩子又能做些什么呢？我认为给予孩子学业上的支持很重要，当你不能做什么的时候，就尽量为他们提供一个好的条件（包括但不限于良好的学习环境、比较优秀的师资力量等物质支持，以及心理支持）。试想，如果孩子居家学习，家里却一片混乱，父母还在看电视、打游戏、聊天，这样的环境对孩子学习一定是有害无益的。

在我中学时期，我的父母在这方面就很注重，甚至可以说是想尽办法给我提供最好的学习条件。当我居家学习时，他们如果有时间就会陪我一起；在我做题、看书的时候，他们也会工作或者学习，从来不会对我造成干扰。

我所就读的高中是住宿制的学校，并且学校对于住宿生的要求非常严格，但相较于严格要求，我更喜欢按照自己的想法做事情，正因为如此，在校住宿使我非常不适应，甚至影响到自己的学习状态。在我和父母提到这件事后，他们立刻到学校附近租下房子来陪我学习，因为当时的校区在郊区，而父母需要在市中心上班，因此他们每天通勤是很辛苦的，但是在高中这三年，父母还是坚持陪我学习，现在回想起来，如果当初家里不支持我不想住宿的想法，我是绝对不可能调整好自己的心态、稳定学习成绩的。所以，通过这个活生生的例子可以发现：当家长对孩子的学业无能为力时，尽量提供给孩子他们需要的外界条件，给予更多的支持。

除了物质上，心理上的支持也很重要，尤其是在高中阶段学习压力较大的时候。我在高中时期就曾出现过学习成绩下滑，遇到瓶颈期成绩无法提升的情况。这期间我的压力巨大，内心也很沮丧，不知道如何是好，是父母给了我很大的心理支持。那段日子他们给予我安慰，而不是批评和指责。他们会和我一起分析学习上遇到的问题，帮助我去解决。在我面临高考和数十次模拟考试带来的压力时，他们会帮助我疏导情绪，告诉我最后的结果并不重要，重要的是学习的过程。后来我了解到，在我高考前期，家长的压力甚至比我还大，但是他们依然尽最大的努力为我提供心理上的支持，这令我非常感动。

结合我的成长经历，大家会发现家庭教育的重要性，家庭是人生的第一个课堂，对孩子的成长意义非凡。

家庭教育对我的成功举足轻重

注意从小培养良好的学习习惯

在孩子小时候培养一个良好的学习习惯比单方面被动教育重要得多。家长需要在学习方面引导他们，进行陪伴式学习，和孩子一起学习、进步，起到榜样的作用，培养孩子主动学习的意识

培养阅读的习惯，激发学习的兴趣

对初中以下的同学来说，培养阅读习惯同样重要，这也是激发学习兴趣的重要方式。家长需要做好榜样，引导孩子多读书

重视孩子的学习，了解学习情况

在孩子的成长过程中会出现很多问题，不仅仅在学习上，其他方面也会有。遇到问题，家长要做的应该是给予孩子正确的引导，帮助他们解决，而不是批评谩骂。给孩子一个平等的家庭地位，遇到问题一起去解决才是最合理的

给予孩子支持很重要

当父母不能做什么时，就应尽量为孩子提供一个好的条件。包括但不限于良好的学习环境、比较优秀的师资力量等物质支持，以及心理支持

家庭环境和家庭教育对孩子的影响是潜移默化的，且是深远持久的

我的家庭教育经

伍廉荣

高考总分：609

毕业于江西省南康中学

就读于清华大学社会科学学院

尽管真正的学习都只能靠自己去努力，父母的帮助作为外在影响也很有限，但是在兴趣培养、学习激励、环境营造、倾听引导、榜样示范和挫折教育六个方面大有可为。

培养学习的兴趣和建立正反馈机制

兴趣和驱动力是持续学习的两大要素，缺少这两个要素，学习就是一个枯燥乏味且令人痛苦的过程，相信这是广大学子切身的感受。我常听父母跟孩子抱怨："你怎么就这么不爱学习呢？"其实，要让学生爱学习，得真正拿捏住让学生学习的动力和兴趣。我们说的传统学习，即背课本和应付考试是一种刻板印象，真正的学习应该是对知识的探索，可以自主学习，不能说脱离了学校就不学习，那就不是真正的爱学习。探索学生的学习兴趣，要从小事中发掘学生对哪方面的"知识"是有兴趣的，譬如画画、百科、数学等，如果对某个科目感兴趣，那么爱屋及乌，学生对其他知识的学习也是不会抵触的。这是学习兴趣培养的关键。

　　我的学习兴趣是从小学生根萌芽的。虽然我并非天生就爱学习，但是我从小就喜欢观察一些稀奇古怪的科学现象，我想知道下雨打雷刮风是为什么，我想知道那些电视上播放的内容是什么东西，我喜欢许多看似与学习无关的一些百科类的知识。那时候，我父母就常常带我去新华书店，让我自己去挑书。类似《十万个为什么》系列的科普书籍，我都看遍了，这都是些"野书"，但正是这些"野书"，让我对课本基本没有什么恐惧之心，对新的知识也很乐于接受。也是因为对这些"野书"的兴趣还让老师对我有了额外的关注。还记得在我四年级的时候，我跟语文老师无意间提到我喜欢的书目和类型，老师当时很惊讶，第二天竟然给我带来一本《资治通鉴》。因为是老师特意给我的书，所以带回家后我看得津津有味，当时我也没有觉得有什么独特之处，但到年长一点，才体会到那是老师重视和培养一个学生的兴趣的苦心啊。虽然这只是我学习经历中的一个小插曲，但是在之后的学习中，对于新知识，我几乎从没有排斥过。在小时候父母对我的兴趣爱好是鼓励甚至"纵容"的，这对于我建立一个良好的学习兴趣功不可没。

即使有了学习兴趣，如果没有驱动力还是很难坚持学习的。兴趣只是开始学习的第一步，一旦遇到困难和倦怠的时候，就需要一些激励或者说正反馈机制去驱使自己克服。这种驱动力，也有两个维度，一个是内在驱动（譬如成就感、自尊感、荣誉感等），另一个是外在驱动（譬如奖励、奖状等）。我父母恰恰在这两个维度上都有所建树，给当时的我带来了很强的驱动力去学习。从内在驱动来看，父母给了我这样一种感觉——学习好是一件很有成就感和荣誉感的事情，他们鼓励和高度赞赏我取得的每一次进步，也会对我的退步提出批评，当然鼓励常常是多于批评的。这样的做法就直观地为我建立了一个正确的学习导向。虽然这可能看起来是微不足道的，但对于当时年少的我而言，已经是很强大的内驱动力了，有效地激发了我的自胜心。相反，如果忽视甚至不在意孩子的学习或者进步，那么孩子就会丧失衡量的标准，对于自己的学习状态和兴趣也就漠不关心了，父母在意什么，孩子也会关注和努力做什么，这种内在的正反馈激励越早越好。外驱动就是很简单的物质激励。在这方面，我的父母虽然不会主动去使用物质奖励这种方式，但如果我取得了好的成绩，那么父母就会给予很大的奖励，或许是一顿美味，或许是零花钱，或许是自己很久以前就想买的东西。这种正反馈的激励是能即时看见效果的，包括学校的很多措施，也基本上都是这种正反馈的激励。但我在这儿也要提个醒，如果建立了这种正反馈机制，请一定要坚持下去，不能言而无信或者漫不经心，否则孩子心里的信任感就会降低，这种驱动力也就没有用了。

创造良好的学习环境

处在学习中的我们，经常会因为某件事情、某个情绪导致精力分散或者心神不宁。一个良好的学习环境是帮助提高专注力和学习效率的必要措施。人的专注时长是有限的，进入专注的状态也是需要时间的。就拿我来讲，我的专注时长一般不会超过1小时，而进入专注状态则需要15分钟左右。通常来讲，专注的时长和程度是学习效率的基础，如果不能长时间专注或者无法进入专注状态，都会影响学习的效率。而影响专注的一个重要因素就是身边的学习环境，一个良好的学习环境能有效地促进专注度的提升。那么什么是好的学习环境呢？其实非常简单，我觉得三样要素齐全就能算一个好的学习环境，这也是我父母一直努力给予我的。第一个就是独立的学习桌而且上面无其他杂物，这能保证在学习的时候专心于书桌而非其他。第二个是一个较为独立的、安静的空间，通常我在学习时父母都会避免打扰我。在嘈杂的环境中，人的思绪很容易被打扰到。尽管在嘈杂的环境中努力适应也能算是一种变相的专注，但能做到的人少之又少，大多数同学遇到一点点嘈杂的声音就会静不下心来。第三个是准备好必要的学习物资，这里说的学习物资其实就是那些课本、文具之类的东西。一个好的学习环境其实很简单，一点都不复杂，但要长久地维持却比较难。我比较庆幸的是因为我父母的重视，良好的学习环境从来都不是问题。我还记得初中的暑假，那两个月虽然每天都会玩，但每天都有固定的时间在自己的小房间，学习父母买好的教辅资料，通常学习时间不算太长，基本是2小时，这种良好的学习习惯和环境帮助我提高了学习效率，同时有助于我日积月累，丰富了自己的文化内涵。

尊重学子的学习想法，做忠实的聆听者

每一个厌学的孩子其实都有着属于自己的烦恼，但是常常会被父母忽视掉。如果父母能扮演好一个倾听者的角色，真正地了解孩子的学习烦恼，那么既能拉近与孩子之间的距离，也能真正地找到方法去解决孩子所烦恼的问题。现在报道的很多家长与孩子之间的矛盾，往往是父母对学龄期孩子的烦恼理解不足导致的。父母的确是经验老到，有很多人生经验和教训可以传授，甚至可以作为教师直接教导孩子。但是有些问题，父母的经验也是派不上用场的，譬如校园欺凌、孩子自尊和情感困惑等，这些情况如果孩子不说，谁能知道呢？如果不对症下药，那么什么良药苦药都是白费的。所以在这里，要紧的第一步就是要做孩子最忠实的聆听者。

在这方面，我妈妈发挥了主要作用（当然可能由于父母分工不同），我妈妈常常做的一件事就是每周跟我一起"吐槽"聊天，她不会刻意地问我学习的情况或者有什么烦恼，而是跟我聊些琐事，而我也会不自主地打开话匣子，主动跟母亲说自己的情况，分享自己的苦恼。有的时候她无法解决的问题，她即使给不出建议，也会抱着一种理解的态度，这

种态度本身就是给我的一种很大的支持，有了这种理解和支持，我自己的学习态度也端正了许多。其实，我个人认为人天然就有一种倾诉的欲望，从倾诉中，不管是学生还是家长都能得到一些支持的力量，而这些力量对于学生的进步是很关键的。

做好榜样示范：父母好好学习，孩子天天向上

学习也是需要榜样激励的，父母更是直接的榜样。有句话叫作"父母好好学习，孩子天天向上"，这正是榜样力量的典型体现。我们想要别人做好，那么首先自己就要做好，有的时候我们常常听到这样的争吵："你都做不好，为什么要我做好呢？"如果家长让孩子去做作业、不要玩，而自己躺在沙发上玩手机，或者看电视、嗑瓜子，那么孩子心里会怎么想？当然高中生估计也能明白事理，但初中生和小学生未必那么通情达理，他们在意的往往是直观的公平和感受。试想如果家长在要求孩子学习的同时也在看书、听课，那么作为孩子第一个反应肯定是模仿。我们都听说过"书香门第"这个词，里面体现的正是一代代相传的那种学习态度和成就。家长做得好，孩子也会学得好，反过来，家长不做好榜样，就不要指望孩子会学好。当然可能有人也会说，没有父母做榜样，也还有其他人做榜样啊，譬如老师、某些名人等。但无论什么榜样，仍存在一个距离和日积月累的问题。近朱者赤，近墨者黑，如果家长不重视这方面的榜样建设，那么其实相当于变相地把孩子交给了其他

人教育，这个时候孩子的学习主导权可不是掌握在家长自己的手中了。就我而言，我的父母并没有多爱学习，但是他们身上有一点一直以来都是我非常赞赏的，就是那种勤劳的精神。我很少见到他们懒散的样子，这给了我很大的榜样力量。当然在成长的路上，不仅仅我父母是我的榜样，我的同学、前辈和朋友身上都有值得我学习的地方。

挫折中鼓励：不要想当然地认为，而要会观察、主动鼓励

我们常常说，在哪里跌倒就从哪里爬起来，但还有一句话叫站着说话不腰疼，跌倒了哪有那么容易爬起来，所以这个时候我们常常需要他人的支持。父母作为孩子的后盾，往往就担负着这个责任。在我成长的过程中其实也踩过很多坑，不光是学习上的，还有生活上的。正常学习中的挫折主要是来源于考试压力或者考场失意等。这些每个学子可能都会经历，但往往不愿意表达出来，这个时候就需要父母察言观色了。我母亲就非常擅长观察我的"脸色"，很多时候我都没想要去诉说自己的心情，但我的母亲可以细致地观察到我的不对劲儿，引导我讲出自己的烦恼，并且对我的烦恼进行分析和鼓励，这种分析和鼓励一直伴随着我的成长，即使上了大学，我母亲也很能懂我的心思，看出我的想法。也许对于很多事业繁忙的家长来说，可能没有那么多时间去观察孩子，但是如果真的想要去深入了解孩子、帮助孩子，一些观察是必需的。

　　孩子如果遇到挫折，有了心事，一般是不会轻易跟父母说的，如果父母还是那种不耐烦、武断地做决定的风格，就会更加切断了孩子倾诉、沟通的渠道。父母不能简单地认为孩子会跟自己说所有的事，主动观察并鼓励才能真正帮助到孩子。

　　我很感激在我成长道路上一直陪伴、帮助我的父母，虽然大学后我渐渐独立，但是之前在我需要的时候，是他们给予了我无私的爱和帮助。他们激发了我的学习兴趣，为我提供了良好的学习环境，树立了正确的学习榜样，并且一直耐心地倾听、鼓励我，没有他们，我不可能成为现在的我。

我的家庭教育经

- 兴趣培养：从小事发掘孩子对哪方面知识感兴趣，爱屋及乌，培养对其他领域知识的兴趣
- 学习激励 — 驱动力：内在驱动力（成就感、自尊感、荣誉感等）／外在驱动力（奖励、奖状等）
- 环境营造：一个良好的学习环境是帮助提高专注力和学习效率的必要条件
- 倾听引导：做孩子最忠实的聆听者
- 榜样示范：父母是孩子学习的最直接的榜样
- 挫折教育：父母不要想当然地认为，要学会观察，主动鼓励

学霸阅读笔记

阅读打卡

新的收获

小 结

清北学霸

错题笔记

笔记这样记，
提分更容易！

姓名：

班级：

寄语：

清北学霸团队
教你如何使用错题本

○ 为什么使用错题本

错题本的重要性是毋庸置疑的。同学们刷题的目的无非两种：精益求精，向更高的层次进军；为了巩固基础而跳入题海。无论是哪一种，都需要建立在充分发掘每一道题的价值、避免刷题的盲目性的基础之上，才能真正发挥出刷题的能效。错题本就是同学们在刷题时的得力助手。它能够很好地帮助大家梳理知识漏洞，总结归纳，将知识清晰化、条理化、系统化。没有错题本的刷题，是没有灵魂的。

○ 积累错题的原则

（1）错题本整理完是要看的。用笔记下来不等于用脑子记下来，如果只是整理错题本而没有回看或者回做的环节，还不如不要在记录上花时间、花精力，直接做题。

（2）错题本是给自己整理的。错题本更像是一个自己与自己交流的媒介，只不过是当下的自己写给未来的自己，是现在这个"会这道题或者能做对这道题"的你，写给未来"有可能不会或者做错这道题"的你。

○ 积累哪些题目

错题本上积累的题目一定是有意义的题。

（1）错题。做错的题目有很多，但不是所有的错题都有整理的必要。有的题也许因为思路错而错，需要格外重视；有的题可能设置了陷阱，一个大意就做错了，因此也需要认真记录，做到"不贰过"。

（2）好题。这类题也许我们第一次没有做错，但这道题的出题角度很有启发性，有助于我们理解相应的题型或者知识点；或者下一次再做的时候，不能保证自己做对。这都算好题，有整理记录的必要。

（3）难题。对于这类题目，记录与否的决定权在我们自己。的确有部分难题与我们个人对知识的掌握情况存在严重的脱节，在时间紧、任务重的情况下，这种题就不是很有必要花费大量时间。当然，也很鼓励大家向有难度的题挑战，虽然在上面花费的时间与精力会比较多，但是这对我们思维的提升与培养往往是很有助益的。

每道题目要整理什么内容

（1）题目：以节省时间为原则，通过剪裁或者抄写的方式记录。

（2）答案与解析：根据个人情况及题目情况，以详细的或者简略的方式把每一步的思路记录下来，因为有的时候仅有答案，回看的时候也有可能不会做了。

（3）错因分析：个人建议大家尽量用一句话概括，如果是错题，标明错因；如果是好题，用一句话说明这道题的意义何在；如果是难题，可以概括性地写出最关键的一步思路，或者从整体上把握这道题的难点。这句话的意义在于，当我们回看错题本的时候，第一时间想到当初为什么记录这道题，也就是之前提到的，这是一种现在的自己与未来的自己的对话。

（4）归纳总结：它可以是你遗漏的知识点，也可以是你做这道题时发现的小技巧，更可以是你与其他类型题目进行比较之后梳理出的异同点……

其他方法与技巧

（1）做好分类：不会做的题和会做但是做错了的题分开记录；也可以按单元/题型/知识点分类，分开整理，有利于归纳与提升。需要注意的是，同一类型的题不用整理太多，如果的确存在同一种类型出现了很多次错误，那么说明回看错题本的频率还不够。

（2）对重点题目进行标注：重点题目可以是知识性方法性比较强的题目，可以通过某些套路来解决；也可以是自己总也记不住、掉进同一陷阱的题目等。

此外，建议大家做题后随时整理因为集中在一起的话的确需要花费比较多的时间，甚至拖着拖着就变成了不整理。回看的时候为节约时间，首先看错因也就是那一句话，根据这句话判断是重新做题，还是把这道题看一遍就可以。

更多关于错题本的使用方法、技巧和心得，请通过学霸的指导视频进一步了解。

错题本指导视频　　　闻道清北公众号

错题本说明书

4

系统梳理·查漏补缺。

归纳总结：

知识点 _____

试题来源 _____

★ ★ ★ ★ ★

- **艾宾浩斯记忆打卡**

日期: _____

+1 ____ ☐   +3 ____ ☐

+6 ____ ☐   +14 ____ ☐

考前 ____ ☐

- 归纳总结

5 **复习打卡：**
科学复习，效果更佳。

- 题目

1 **抄写题目：** 摘抄剪贴，随意选择。

- 正解

2 **解出答案：** 重新解答，加深印象。

- 错因分析

3 **分析错因：** 对比反思，防止二错。

什么是艾宾浩斯记忆打卡

举例说明：

在第1天学习后，分别在+1，+3，+6，+14天以及考试前，巩固复习、加深印象，努力做到犯过的错、踩过的坑"不贰过"。

- **艾宾浩斯记忆打卡**

日期: _____

+1 ____ ☐   +3 ____ ☐

+6 ____ ☐   +14 ____ ☐

考前 ☐

假设9月12日在刷题时碰到了需要整理的错题，那么：9月12日为第一次整理并学习错题，9月13日应为第2次复习，以此类推……

按照艾宾浩斯遗忘曲线，制订计划，按时打卡，复习效果会更佳！

错题本使用示例

知识点 对匀速直线运动共识的理解和运动

试题来源 2020 云南第一次统一检测

★ ★ ★ ★ ☆

● 艾宾浩斯记忆打卡

日期： 9.12

+1 9.13 ☑ +3 9.15 ☑

+6 9.18 ☑ +14 9.26 ☐

考前＿＿＿ ☐

● 归纳总结

● 题目

一质点沿 x 轴运动，其位置 x 随时间 t 变化的规律为 $x=15+10t-5t^2(m)$，t 的单位是 s。下列关于该质点运动的说法正确的是（　　）

A. 该质点的加速度大小为 $5m/s^2$

B. $t=3s$ 时该质点速度为零

C. $0\sim3s$ 内该质点的平均速度大小为 $5m/s$

D. 物体处于 $x=0$ 处时其速度大小为 $20m/s$

● 正解 CD

由 $x=15+10t-5t^2(m)$ 可知，初速度 $v_0=10m/s$，加速度 $a=-10m/s^2$ 则 A 错；由速度公式得 $v=v_0+at$，$t=3s$ 时，$v=-20m/s$，B 错；$t=3s$ 时，$x=0m$，$t=0$ 时，$x=15m$，则 $0\sim3s$ 内该质点的平均速度 $\bar{v}=\dfrac{\Delta x}{\Delta t}=\dfrac{0-15m}{3s}=-5m/s$，C 对；当 $x=0m$ 时，得 $t=3s$，则 $v=-20m/s$，D 对。

● 错因分析

由位置 x 随时间 t 的变化规律确定 v_0、a，再由运动学知识确定其他量。做题时没有准确确定 a，导致后面的连带错误。

知识点与课本对应　　　　重要程度清晰可见

试题出处方便查找

制订计划按时打卡

目录 contents

知识点

试题来源

★ ★ ★ ★ ★

- 艾宾浩斯记忆打卡

日期: _____

+1 _____ ☐ +3 _____ ☐

+6 _____ ☐ +14 _____ ☐

考前____ ☐

- 归纳总结

- 题目

- 正解

- 错因分析

知识点

试题来源

★ ★ ★ ★ ★

- 艾宾浩斯记忆打卡

日期: _____

+1 _____ ☐ +3 _____ ☐

+6 _____ ☐ +14 _____ ☐

考前____ ☐

- 归纳总结

- 题目

- 正解

- 错因分析

知识点

试题来源

★ ★ ★ ★ ★

● 艾宾浩斯记忆打卡

日期：_____

+1 _____ ☐ +3 _____ ☐

+6 _____ ☐ +14 _____ ☐

考前_____ ☐

● 归纳总结

● 题目

● 正解

● 错因分析

知识点

试题来源

★ ★ ★ ★ ★

● 艾宾浩斯记忆打卡

日期：_____

+1 _____ ☐ +3 _____ ☐

+6 _____ ☐ +14 _____ ☐

考前_____ ☐

● 归纳总结

● 题目

● 正解

● 错因分析

知识点

试题来源

★ ★ ★ ★ ★

- 艾宾浩斯记忆打卡

日期：_____

+1 _____ ☐　+3 _____ ☐

+6 _____ ☐　+14 _____ ☐

考前_____ ☐

- 归纳总结

- 题目

- 正解

- 错因分析

知识点

试题来源

★ ★ ★ ★ ★

- 艾宾浩斯记忆打卡

日期：_____

+1 _____ ☐　+3 _____ ☐

+6 _____ ☐　+14 _____ ☐

考前_____ ☐

- 归纳总结

- 题目

- 正解

- 错因分析

知识点

试题来源

★ ★ ★ ★ ★

- 艾宾浩斯记忆打卡

日期: _____

+1 ____ ☐   +3 ____ ☐

+6 ____ ☐   +14 ____ ☐

考前 ____ ☐

- 归纳总结

- 题目

- 正解

- 错因分析

知识点

试题来源

★ ★ ★ ★ ★

- 艾宾浩斯记忆打卡

日期: _____

+1 ____ ☐   +3 ____ ☐

+6 ____ ☐   +14 ____ ☐

考前 ____ ☐

- 归纳总结

- 题目

- 正解

- 错因分析

知识点

试题来源

★ ★ ★ ★ ★

- 艾宾浩斯记忆打卡

日期：_____

+1 _____ ☐   +3 _____ ☐

+6 _____ ☐   +14 _____ ☐

考前_____ ☐

- 归纳总结

- 题目

- 正解

- 错因分析

知识点

试题来源

★ ★ ★ ★ ★

- 艾宾浩斯记忆打卡

日期：_____

+1 _____ ☐   +3 _____ ☐

+6 _____ ☐   +14 _____ ☐

考前_____ ☐

- 归纳总结

- 题目

- 正解

- 错因分析

知识点

试题来源

★ ★ ★ ★ ★

- 艾宾浩斯记忆打卡

日期: _____

+1 _____ ☐　+3 _____ ☐

+6 _____ ☐　+14 _____ ☐

考前_____ ☐

- 归纳总结

- 题目

- 正解

- 错因分析

知识点

试题来源

★ ★ ★ ★ ★

- 艾宾浩斯记忆打卡

日期: _____

+1 _____ ☐　+3 _____ ☐

+6 _____ ☐　+14 _____ ☐

考前_____ ☐

- 归纳总结

- 题目

- 正解

- 错因分析

知识点

试题来源 ★ ★ ★ ★ ★

- 艾宾浩斯记忆打卡

日期: _____

+1 _____ ☐　+3 _____ ☐

+6 _____ ☐　+14 _____ ☐

考前_____ ☐

- 归纳总结

- 题目

- 正解

- 错因分析

知识点

试题来源 ★ ★ ★ ★ ★

- 艾宾浩斯记忆打卡

日期: _____

+1 _____ ☐　+3 _____ ☐

+6 _____ ☐　+14 _____ ☐

考前_____ ☐

- 归纳总结

- 题目

- 正解

- 错因分析

知识点

试题来源

★ ★ ★ ★ ★

- 艾宾浩斯记忆打卡

日期: _____

+1 _____ ☐ +3 _____ ☐

+6 _____ ☐ +14 _____ ☐

考前 _____ ☐

- 归纳总结

- 题目

_____

- 正解

- 错因分析

知识点

试题来源

★ ★ ★ ★ ★

- 艾宾浩斯记忆打卡

日期: _____

+1 _____ ☐ +3 _____ ☐

+6 _____ ☐ +14 _____ ☐

考前 _____ ☐

- 归纳总结

- 题目

_____

- 正解

- 错因分析

知识点

试题来源

★ ★ ★ ★ ★

- 艾宾浩斯记忆打卡

日期：_____

+1 ____ ☐ +3 ____ ☐

+6 ____ ☐ +14 ____ ☐

考前____ ☐

- 归纳总结

- 题目

- 正解

- 错因分析

知识点

试题来源

★ ★ ★ ★ ★

- 艾宾浩斯记忆打卡

日期：_____

+1 ____ ☐ +3 ____ ☐

+6 ____ ☐ +14 ____ ☐

考前____ ☐

- 归纳总结

- 题目

- 正解

- 错因分析

知识点

试题来源

★ ★ ★ ★ ★

● 艾宾浩斯记忆打卡

日期：_____

+1 _____ ☐　　+3 _____ ☐

+6 _____ ☐　　+14 _____ ☐

考前 _____ ☐

● 归纳总结

● 题目

● 正解

● 错因分析

知识点

试题来源

★ ★ ★ ★ ★

● 艾宾浩斯记忆打卡

日期：_____

+1 _____ ☐　　+3 _____ ☐

+6 _____ ☐　　+14 _____ ☐

考前 _____ ☐

● 归纳总结

● 题目

● 正解

● 错因分析

知识点

试题来源

★ ★ ★ ★ ★

- 艾宾浩斯记忆打卡

日期：_____

+1 _____ ☐　+3 _____ ☐

+6 _____ ☐　+14 _____ ☐

考前_____ ☐

- 归纳总结

- 题目

- 正解

- 错因分析

知识点

试题来源

★ ★ ★ ★ ★

- 艾宾浩斯记忆打卡

日期：_____

+1 _____ ☐　+3 _____ ☐

+6 _____ ☐　+14 _____ ☐

考前_____ ☐

- 归纳总结

- 题目

- 正解

- 错因分析

知识点

试题来源

★ ★ ★ ★ ★

- 艾宾浩斯记忆打卡

日期：_____

+1 _____ ☐   +3 _____ ☐

+6 _____ ☐   +14 _____ ☐

考前____ ☐

- 归纳总结

- 题目

- 正解

- 错因分析

知识点

试题来源

★ ★ ★ ★ ★

- 艾宾浩斯记忆打卡

日期：_____

+1 _____ ☐   +3 _____ ☐

+6 _____ ☐   +14 _____ ☐

考前____ ☐

- 归纳总结

- 题目

- 正解

- 错因分析

知识点

试题来源

★ ★ ★ ★ ★

- 艾宾浩斯记忆打卡

日期：_____

+1 _____ ☐   +3 _____ ☐

+6 _____ ☐   +14_____ ☐

考前_____ ☐

- 归纳总结

- 题目

- 正解

- 错因分析

知识点

试题来源

★ ★ ★ ★ ★

- 艾宾浩斯记忆打卡

日期：_____

+1 _____ ☐   +3 _____ ☐

+6 _____ ☐   +14_____ ☐

考前_____ ☐

- 归纳总结

- 题目

- 正解

- 错因分析

知识点

试题来源

★ ★ ★ ★ ★

- 艾宾浩斯记忆打卡

日期: _____

+1 ____ ☐   +3 ____ ☐

+6 ____ ☐   +14 ____ ☐

考前____ ☐

- 归纳总结

- 题目

- 正解

- 错因分析

知识点

试题来源

★ ★ ★ ★ ★

- 艾宾浩斯记忆打卡

日期: _____

+1 ____ ☐   +3 ____ ☐

+6 ____ ☐   +14 ____ ☐

考前____ ☐

- 归纳总结

- 题目

- 正解

- 错因分析

知识点

试题来源

★ ★ ★ ★ ★

- 艾宾浩斯记忆打卡

日期：_____

+1 _____ ☐ +3 _____ ☐

+6 _____ ☐ +14_____ ☐

考前_____ ☐

- 归纳总结

- 题目

- 正解

- 错因分析

知识点

试题来源

★ ★ ★ ★ ★

- 艾宾浩斯记忆打卡

日期：_____

+1 _____ ☐ +3 _____ ☐

+6 _____ ☐ +14_____ ☐

考前_____ ☐

- 归纳总结

- 题目

- 正解

- 错因分析

知识点

试题来源　　　　　　　　　　　　　　　　　★ ★ ★ ★ ★

- 艾宾浩斯记忆打卡

日期：_____

+1 _____ ☐　　+3 _____ ☐

+6 _____ ☐　　+14_____ ☐

考前_____ ☐

- 归纳总结

- 题目

- 正解

- 错因分析

知识点

试题来源　　　　　　　　　　　　　　　　　★ ★ ★ ★ ★

- 艾宾浩斯记忆打卡

日期：_____

+1 _____ ☐　　+3 _____ ☐

+6 _____ ☐　　+14_____ ☐

考前_____ ☐

- 归纳总结

- 题目

- 正解

- 错因分析

知识点

试题来源

★ ★ ★ ★ ★

- 艾宾浩斯记忆打卡

日期：_____

+1 _____ ☐　+3 _____ ☐

+6 _____ ☐　+14____ ☐

考前____ ☐

- 归纳总结

- 题目

- 正解

- 错因分析

知识点

试题来源

★ ★ ★ ★ ★

- 艾宾浩斯记忆打卡

日期：_____

+1 _____ ☐　+3 _____ ☐

+6 _____ ☐　+14____ ☐

考前____ ☐

- 归纳总结

- 题目

- 正解

- 错因分析

知识点

试题来源

★ ★ ★ ★ ★

- 艾宾浩斯记忆打卡

日期：_____

+1 _____ ☐   +3 _____ ☐

+6 _____ ☐   +14 _____ ☐

考前_____ ☐

- 归纳总结

- 题目

- 正解

- 错因分析

知识点

试题来源

★ ★ ★ ★ ★

- 艾宾浩斯记忆打卡

日期：_____

+1 _____ ☐   +3 _____ ☐

+6 _____ ☐   +14 _____ ☐

考前_____ ☐

- 归纳总结

- 题目

- 正解

- 错因分析

知识点

试题来源

★ ★ ★ ★ ★

- 艾宾浩斯记忆打卡

日期：_____

+1 ____ ☐　+3 ____ ☐

+6 ____ ☐　+14____ ☐

考前____ ☐

- 归纳总结

- 题目

- 正解

- 错因分析

知识点

试题来源

★ ★ ★ ★ ★

- 艾宾浩斯记忆打卡

日期：_____

+1 ____ ☐　+3 ____ ☐

+6 ____ ☐　+14____ ☐

考前____ ☐

● 归纳总结

- 题目

● 正解

● 错因分析

知识点

试题来源

★ ★ ★ ★ ★

● 艾宾浩斯记忆打卡

日期：_____

+1 ____ ☐　　+3 ____ ☐

+6 ____ ☐　　+14 ____ ☐

考前____ ☐

● 归纳总结

● 题目

● 正解

● 错因分析

知识点

试题来源

★ ★ ★ ★ ★

● 艾宾浩斯记忆打卡

日期：_____

+1 ____ ☐　　+3 ____ ☐

+6 ____ ☐　　+14 ____ ☐

考前____ ☐

● 归纳总结

● 题目

● 正解

● 错因分析

知识点

试题来源

★ ★ ★ ★ ★

- 艾宾浩斯记忆打卡

日期：_____

+1 _____ ☐ +3 _____ ☐

+6 _____ ☐ +14 ____ ☐

考前____ ☐

- 归纳总结

- 题目

- 正解

- 错因分析

知识点

试题来源

★ ★ ★ ★ ★

- 艾宾浩斯记忆打卡

日期：_____

+1 _____ ☐ +3 _____ ☐

+6 _____ ☐ +14 ____ ☐

考前____ ☐

- 归纳总结

- 题目

- 正解

- 错因分析

知识点

试题来源

★ ★ ★ ★ ★

- 艾宾浩斯记忆打卡

日期：_____

+1 _____ ☐ +3 _____ ☐

+6 _____ ☐ +14 _____ ☐

考前_____ ☐

- 归纳总结

- 题目

- 正解

- 错因分析

知识点

试题来源

★ ★ ★ ★ ★

- 艾宾浩斯记忆打卡

日期：_____

+1 _____ ☐ +3 _____ ☐

+6 _____ ☐ +14 _____ ☐

考前_____ ☐

- 归纳总结

- 题目

- 正解

- 错因分析

知识点

试题来源

★ ★ ★ ★ ★

- 艾宾浩斯记忆打卡

日期：_____

+1 ____ ☐ +3 ____ ☐

+6 ____ ☐ +14 ____ ☐

考前____ ☐

- 归纳总结

- 题目

- 正解

- 错因分析

知识点

试题来源

★ ★ ★ ★ ★

- 艾宾浩斯记忆打卡

日期：_____

+1 ____ ☐ +3 ____ ☐

+6 ____ ☐ +14 ____ ☐

考前____ ☐

- 归纳总结

- 题目

- 正解

- 错因分析

知识点

试题来源

★ ★ ★ ★ ★

- 艾宾浩斯记忆打卡

日期: _____

+1 _____ ☐   +3 _____ ☐

+6 _____ ☐   +14_____ ☐

考前_____ ☐

- 归纳总结

- 题目

- 正解

- 错因分析

知识点

试题来源

★ ★ ★ ★ ★

- 艾宾浩斯记忆打卡

日期: _____

+1 _____ ☐   +3 _____ ☐

+6 _____ ☐   +14_____ ☐

考前_____ ☐

- 归纳总结

- 题目

- 正解

- 错因分析

知识点

试题来源

★ ★ ★ ★ ★

- 艾宾浩斯记忆打卡

日期：_____
+1 ____ ☐ +3 ____ ☐
+6 ____ ☐ +14____ ☐
考前____ ☐

- 归纳总结

- 题目

- 正解

- 错因分析

知识点

试题来源

★ ★ ★ ★ ★

- 艾宾浩斯记忆打卡

日期：_____
+1 ____ ☐ +3 ____ ☐
+6 ____ ☐ +14____ ☐
考前____ ☐

- 归纳总结

- 题目

- 正解

- 错因分析

知识点

试题来源

★ ★ ★ ★ ★

● 艾宾浩斯记忆打卡

日期：_____

+1 _____ ☐　+3 _____ ☐

+6 _____ ☐　+14 _____ ☐

考前_____ ☐

● 归纳总结

● 题目

● 正解

● 错因分析

知识点

试题来源

★ ★ ★ ★ ★

● 艾宾浩斯记忆打卡

日期：_____

+1 _____ ☐　+3 _____ ☐

+6 _____ ☐　+14 _____ ☐

考前_____ ☐

● 归纳总结

● 题目

● 正解

● 错因分析

知识点

试题来源

★ ★ ★ ★ ★

- 艾宾浩斯记忆打卡

日期：_____

+1 _____ ☐   +3 _____ ☐

+6 _____ ☐   +14 _____ ☐

考前_____ ☐

- 归纳总结

- 题目

- 正解

- 错因分析

知识点

试题来源

★ ★ ★ ★ ★

- 艾宾浩斯记忆打卡

日期：_____

+1 _____ ☐   +3 _____ ☐

+6 _____ ☐   +14 _____ ☐

考前_____ ☐

- 归纳总结

- 题目

- 正解

- 错因分析

知识点

试题来源

★ ★ ★ ★ ★

- 艾宾浩斯记忆打卡

日期：_____

+1 ____ ☐   +3 ____ ☐

+6 ____ ☐   +14 ____ ☐

考前____ ☐

- 归纳总结

- 题目

- 正解

- 错因分析

知识点

试题来源

★ ★ ★ ★ ★

- 艾宾浩斯记忆打卡

日期：_____

+1 ____ ☐   +3 ____ ☐

+6 ____ ☐   +14 ____ ☐

考前____ ☐

- 归纳总结

- 题目

- 正解

- 错因分析

知识点

试题来源

★ ★ ★ ★ ★

- 艾宾浩斯记忆打卡

日期：_____

+1 _____ ☐　+3 _____ ☐

+6 _____ ☐　+14 _____ ☐

考前_____ ☐

- 归纳总结

- 题目

- 正解

- 错因分析

知识点

试题来源

★ ★ ★ ★ ★

- 艾宾浩斯记忆打卡

日期：_____

+1 _____ ☐　+3 _____ ☐

+6 _____ ☐　+14 _____ ☐

考前_____ ☐

- 归纳总结

- 题目

- 正解

- 错因分析

知识点

试题来源

★ ★ ★ ★ ★

- 艾宾浩斯记忆打卡

日期: _____

+1 _____ ☐　+3 _____ ☐

+6 _____ ☐　+14 _____ ☐

考前_____ ☐

- 归纳总结

- 题目

- 正解

- 错因分析

知识点

试题来源

★ ★ ★ ★ ★

- 艾宾浩斯记忆打卡

日期: _____

+1 _____ ☐　+3 _____ ☐

+6 _____ ☐　+14 _____ ☐

考前_____ ☐

- 归纳总结

- 题目

- 正解

- 错因分析

知识点

试题来源

★ ★ ★ ★ ★

- 艾宾浩斯记忆打卡

日期：_____

+1 ____ ☐   +3 ____ ☐

+6 ____ ☐   +14 ____ ☐

考前____ ☐

- 归纳总结

- 题目

- 正解

- 错因分析

知识点

试题来源

★ ★ ★ ★ ★

- 艾宾浩斯记忆打卡

日期：_____

+1 ____ ☐   +3 ____ ☐

+6 ____ ☐   +14 ____ ☐

考前____ ☐

- 归纳总结

- 题目

- 正解

- 错因分析

知识点

试题来源

★ ★ ★ ★ ★

- 艾宾浩斯记忆打卡

日期：＿＿＿＿＿＿

+1 ＿＿＿ ☐ 　+3 ＿＿＿ ☐

+6 ＿＿＿ ☐ 　+14 ＿＿ ☐

考前＿＿＿ ☐

- 归纳总结

- 题目

- 正解

- 错因分析

知识点

试题来源

★ ★ ★ ★ ★

- 艾宾浩斯记忆打卡

日期：＿＿＿＿＿＿

+1 ＿＿＿ ☐ 　+3 ＿＿＿ ☐

+6 ＿＿＿ ☐ 　+14 ＿＿ ☐

考前＿＿＿ ☐

- 归纳总结

- 题目

- 正解

- 错因分析

知识点

试题来源

★ ★ ★ ★ ★

- 艾宾浩斯记忆打卡

日期：_____

+1 _____ ☐　　+3 _____ ☐

+6 _____ ☐　　+14 _____ ☐

考前_____ ☐

- 归纳总结

- 题目

- 正解

- 错因分析

知识点

试题来源

★ ★ ★ ★ ★

- 艾宾浩斯记忆打卡

日期：_____

+1 _____ ☐　　+3 _____ ☐

+6 _____ ☐　　+14 _____ ☐

考前_____ ☐

- 归纳总结

- 题目

- 正解

- 错因分析

知识点

试题来源

★ ★ ★ ★ ★

- 艾宾浩斯记忆打卡

日期：_____

+1 _____ ☐　+3 _____ ☐

+6 _____ ☐　+14____ ☐

考前_____ ☐

- 归纳总结

- 题目

- 正解

- 错因分析

知识点

试题来源

★ ★ ★ ★ ★

- 艾宾浩斯记忆打卡

日期：_____

+1 _____ ☐　+3 _____ ☐

+6 _____ ☐　+14____ ☐

考前_____ ☐

- 归纳总结

- 题目

- 正解

- 错因分析

知识点

试题来源

★ ★ ★ ★ ★

- 艾宾浩斯记忆打卡

日期：_____

+1 ____ ☐ +3 ____ ☐

+6 ____ ☐ +14 ____ ☐

考前____ ☐

- 归纳总结

- 题目

- 正解

- 错因分析

知识点

试题来源

★ ★ ★ ★ ★

- 艾宾浩斯记忆打卡

日期：_____

+1 ____ ☐ +3 ____ ☐

+6 ____ ☐ +14 ____ ☐

考前____ ☐

- 归纳总结

- 题目

- 正解

- 错因分析

知识点

试题来源

★ ★ ★ ★ ★

- 艾宾浩斯记忆打卡

日期：_____

+1 _____ ☐   +3 _____ ☐

+6 _____ ☐   +14 _____ ☐

考前_____ ☐

- 归纳总结

- 题目

- 正解

- 错因分析

知识点

试题来源

★ ★ ★ ★ ★

- 艾宾浩斯记忆打卡

日期：_____

+1 _____ ☐   +3 _____ ☐

+6 _____ ☐   +14 _____ ☐

考前_____ ☐

- 归纳总结

- 题目

- 正解

- 错因分析

知识点

试题来源

★ ★ ★ ★ ★

- 艾宾浩斯记忆打卡

日期：_____

+1 _____ ☐　　+3 _____ ☐

+6 _____ ☐　　+14_____ ☐

考前_____ ☐

- 归纳总结

- 题目

- 正解

- 错因分析

知识点

试题来源

★ ★ ★ ★ ★

- 艾宾浩斯记忆打卡

日期：_____

+1 _____ ☐　　+3 _____ ☐

+6 _____ ☐　　+14_____ ☐

考前_____ ☐

- 归纳总结

- 题目

- 正解

- 错因分析

知识点

试题来源

★ ★ ★ ★ ★

- 艾宾浩斯记忆打卡

日期：_____

+1 _____ ☐　+3 _____ ☐

+6 _____ ☐　+14 _____ ☐

考前_____ ☐

- 归纳总结

- 题目

- 正解

- 错因分析

知识点

试题来源

★ ★ ★ ★ ★

- 艾宾浩斯记忆打卡

日期：_____

+1 _____ ☐　+3 _____ ☐

+6 _____ ☐　+14 _____ ☐

考前_____ ☐

- 归纳总结

- 题目

- 正解

- 错因分析

知识点

试题来源

★ ★ ★ ★ ★

- 艾宾浩斯记忆打卡

日期：_____

+1 _____ ☐   +3 _____ ☐

+6 _____ ☐   +14 _____ ☐

考前_____ ☐

- 归纳总结

- 题目

- 正解

- 错因分析

知识点

试题来源

★ ★ ★ ★ ★

- 艾宾浩斯记忆打卡

日期：_____

+1 _____ ☐   +3 _____ ☐

+6 _____ ☐   +14 _____ ☐

考前_____ ☐

- 归纳总结

- 题目

- 正解

- 错因分析

知识点

试题来源

★ ★ ★ ★ ★

- 艾宾浩斯记忆打卡

日期：＿＿＿＿＿＿

+1 ＿＿＿ ☐ +3 ＿＿＿ ☐

+6 ＿＿＿ ☐ +14＿＿＿ ☐

考前＿＿＿ ☐

- 归纳总结

- 题目

- 正解

- 错因分析

知识点

试题来源

★ ★ ★ ★ ★

- 艾宾浩斯记忆打卡

日期：＿＿＿＿＿＿

+1 ＿＿＿ ☐ +3 ＿＿＿ ☐

+6 ＿＿＿ ☐ +14 ＿＿＿ ☐

考前＿＿＿ ☐

- 归纳总结

- 题目

- 正解

- 错因分析

知识点

试题来源

★ ★ ★ ★ ★

- 艾宾浩斯记忆打卡

日期: _____

+1 _____ ☐　　+3 _____ ☐

+6 _____ ☐　　+14 _____ ☐

考前 _____ ☐

- 归纳总结

- 题目

- 正解

- 错因分析

知识点

试题来源

★ ★ ★ ★ ★

- 艾宾浩斯记忆打卡

日期: _____

+1 _____ ☐　　+3 _____ ☐

+6 _____ ☐　　+14 _____ ☐

考前 _____ ☐

- 归纳总结

- 题目

- 正解

- 错因分析

知识点

试题来源

★ ★ ★ ★ ★

- 艾宾浩斯记忆打卡

日期：_____

+1 ____ ☐   +3 ____ ☐

+6 ____ ☐   +14 ____ ☐

考前____ ☐

- 归纳总结

- 题目

- 正解

- 错因分析

知识点

试题来源

★ ★ ★ ★ ★

- 艾宾浩斯记忆打卡

日期：_____

+1 ____ ☐   +3 ____ ☐

+6 ____ ☐   +14 ____ ☐

考前____ ☐

- 归纳总结

- 题目

- 正解

- 错因分析

知识点

试题来源

★ ★ ★ ★ ★

- 艾宾浩斯记忆打卡

日期：_____

+1 _____ ☐　　+3 _____ ☐

+6 _____ ☐　　+14 _____ ☐

考前_____ ☐

- 归纳总结

- 题目

- 正解

- 错因分析

知识点

试题来源

★ ★ ★ ★ ★

- 艾宾浩斯记忆打卡

日期：_____

+1 _____ ☐　　+3 _____ ☐

+6 _____ ☐　　+14 _____ ☐

考前_____ ☐

- 归纳总结

- 题目

- 正解

- 错因分析

知识点

试题来源

★ ★ ★ ★ ★

- 艾宾浩斯记忆打卡

日期：_____

+1 _____ □ +3 _____ □

+6 _____ □ +14 _____ □

考前_____ □

- 归纳总结

- 题目

- 正解

- 错因分析

知识点

试题来源

★ ★ ★ ★ ★

- 艾宾浩斯记忆打卡

日期：_____

+1 _____ □ +3 _____ □

+6 _____ □ +14 _____ □

考前_____ □

- 归纳总结

- 题目

- 正解

- 错因分析

知识点

试题来源

★ ★ ★ ★ ★

- 艾宾浩斯记忆打卡

日期: _____

+1 ____ ☐   +3 ____ ☐

+6 ____ ☐   +14 ____ ☐

考前____ ☐

- 归纳总结

- 题目

- 正解

- 错因分析

知识点

试题来源

★ ★ ★ ★ ★

- 艾宾浩斯记忆打卡

日期: _____

+1 ____ ☐   +3 ____ ☐

+6 ____ ☐   +14 ____ ☐

考前____ ☐

- 归纳总结

- 题目

- 正解

- 错因分析

知识点

试题来源

★ ★ ★ ★

- 艾宾浩斯记忆打卡

日期：_____

+1 _____ ☐　+3 _____ ☐

+6 _____ ☐　+14 _____ ☐

考前_____ ☐

- 归纳总结

- 题目

- 正解

- 错因分析

知识点

试题来源

★ ★ ★ ★

- 艾宾浩斯记忆打卡

日期：_____

+1 _____ ☐　+3 _____ ☐

+6 _____ ☐　+14 _____ ☐

考前_____ ☐

- 归纳总结

- 题目

- 正解

- 错因分析

知识点

试题来源

★ ★ ★ ★

- 艾宾浩斯记忆打卡

日期：＿＿＿＿＿

+1 ＿＿＿ ☐　+3 ＿＿＿ ☐

+6 ＿＿＿ ☐　+14＿＿＿ ☐

考前＿＿＿ ☐

- 归纳总结

- 题目

- 正解

- 错因分析

知识点

试题来源

★ ★ ★ ★ ★

- 艾宾浩斯记忆打卡

日期：＿＿＿＿＿

+1 ＿＿＿ ☐　+3 ＿＿＿ ☐

+6 ＿＿＿ ☐　+14＿＿＿ ☐

考前＿＿＿ ☐

- 归纳总结

- 题目

- 正解

- 错因分析

知识点

试题来源

★ ★ ★ ★ ★

- 艾宾浩斯记忆打卡

日期：_____

+1 _____ ☐　　+3 _____ ☐

+6 _____ ☐　　+14_____ ☐

考前_____ ☐

- 归纳总结

- 题目

- 正解

- 错因分析

知识点

试题来源

★ ★ ★ ★ ★

- 艾宾浩斯记忆打卡

日期：_____

+1 _____ ☐　　+3 _____ ☐

+6 _____ ☐　　+14 _____ ☐

考前_____ ☐

- 归纳总结

- 题目

- 正解

- 错因分析

知识点

试题来源

★ ★ ★ ★ ★

- 艾宾浩斯记忆打卡

日期：_____

+1 _____ ☐ +3 _____ ☐

+6 _____ ☐ +14_____ ☐

考前_____ ☐

- 归纳总结

- 题目

- 正解

- 错因分析

知识点

试题来源

★ ★ ★ ★ ★

- 艾宾浩斯记忆打卡

日期：_____

+1 _____ ☐ +3 _____ ☐

+6 _____ ☐ +14_____ ☐

考前_____ ☐

- 归纳总结

- 题目

- 正解

- 错因分析

知识点

试题来源

★ ★ ★ ★ ★

- 艾宾浩斯记忆打卡

日期：_____

+1 _____ ☐　　+3 _____ ☐

+6 _____ ☐　　+14 _____ ☐

考前_____ ☐

- 归纳总结

- 题目

- 正解

- 错因分析

知识点

试题来源

★ ★ ★ ★ ★

- 艾宾浩斯记忆打卡

日期：_____

+1 _____ ☐　　+3 _____ ☐

+6 _____ ☐　　+14 _____ ☐

考前_____ ☐

- 归纳总结

- 题目

- 正解

- 错因分析

知识点

试题来源

★ ★ ★ ★ ★

- 艾宾浩斯记忆打卡

日期：_____

+1 ____ ☐　+3 ____ ☐

+6 ____ ☐　+14 ____ ☐

考前____ ☐

- 归纳总结

- 题目

- 正解

- 错因分析

知识点

试题来源

★ ★ ★ ★ ★

- 艾宾浩斯记忆打卡

日期：_____

+1 ____ ☐　+3 ____ ☐

+6 ____ ☐　+14 ____ ☐

考前____ ☐

- 归纳总结

- 题目

- 正解

- 错因分析

知识点

试题来源

★ ★ ★ ★ ★

- 艾宾浩斯记忆打卡

日期: _____

+1 _____ ☐   +3 _____ ☐

+6 _____ ☐   +14 _____ ☐

考前_____ ☐

- 归纳总结

- 题目

- 正解

- 错因分析

知识点

试题来源

★ ★ ★ ★ ★

- 艾宾浩斯记忆打卡

日期: _____

+1 _____ ☐   +3 _____ ☐

+6 _____ ☐   +14 _____ ☐

考前_____ ☐

- 归纳总结

- 题目

- 正解

- 错因分析

知识点

试题来源

★ ★ ★ ★ ★

- 艾宾浩斯记忆打卡

日期：_____

+1 _____ ☐ +3 _____ ☐

+6 _____ ☐ +14_____ ☐

考前_____ ☐

- 归纳总结

- 题目

- 正解

- 错因分析

知识点

试题来源

★ ★ ★ ★ ★

- 艾宾浩斯记忆打卡

日期：_____

+1 _____ ☐ +3 _____ ☐

+6 _____ ☐ +14_____ ☐

考前_____ ☐

- 归纳总结

- 题目

- 正解

- 错因分析

知识点

试题来源

★ ★ ★ ★ ★

● 艾宾浩斯记忆打卡

日期：_____

+1 _____ ☐　　+3 _____ ☐

+6 _____ ☐　　+14 _____ ☐

考前_____ ☐

● 归纳总结

● 题目

● 正解

● 错因分析

知识点

试题来源

★ ★ ★ ★ ★

● 艾宾浩斯记忆打卡

日期：_____

+1 _____ ☐　　+3 _____ ☐

+6 _____ ☐　　+14 _____ ☐

考前_____ ☐

● 归纳总结

● 题目

● 正解

● 错因分析

知识点

试题来源

☆ ★ ★ ★ ★

- 艾宾浩斯记忆打卡

日期：_____

+1 _____ ☐ +3 _____ ☐

+6 _____ ☐ +14 _____ ☐

考前_____ ☐

- 归纳总结

- 题目

- 正解

- 错因分析

知识点

试题来源

☆ ★ ★ ★ ★

- 艾宾浩斯记忆打卡

日期：_____

+1 _____ ☐ +3 _____ ☐

+6 _____ ☐ +14 _____ ☐

考前_____ ☐

- 归纳总结

- 题目

- 正解

- 错因分析

知识点

试题来源

★ ★ ★ ★ ★

- 艾宾浩斯记忆打卡

日期: _____

+1 _____ ☐　　+3 _____ ☐

+6 _____ ☐　　+14 _____ ☐

考前 _____ ☐

- 归纳总结

- 题目

- 正解

- 错因分析

知识点

试题来源

★ ★ ★ ★ ★

- 艾宾浩斯记忆打卡

日期: _____

+1 _____ ☐　　+3 _____ ☐

+6 _____ ☐　　+14 _____ ☐

考前 _____ ☐

- 归纳总结

- 题目

- 正解

- 错因分析

知识点

试题来源

★ ★ ★ ★ ★

● 艾宾浩斯记忆打卡

日期：＿＿＿＿＿
+1 ＿＿＿ □　+3 ＿＿＿ □
+6 ＿＿＿ □　+14＿＿ □
考前＿＿＿ □

● 归纳总结

● 题目

● 正解

● 错因分析

知识点

试题来源

★ ★ ★ ★ ★

● 艾宾浩斯记忆打卡

日期：＿＿＿＿＿
+1 ＿＿＿ □　+3 ＿＿＿ □
+6 ＿＿＿ □　+14＿＿ □
考前＿＿＿ □

● 归纳总结

● 题目

● 正解

● 错因分析

知识点

试题来源

★ ★ ★ ★ ★

- 艾宾浩斯记忆打卡

日期：_____

+1 ____ ☐   +3 ____ ☐

+6 ____ ☐   +14 ____ ☐

考前____ ☐

- 归纳总结

- 题目

- 正解

- 错因分析

知识点

试题来源

★ ★ ★ ★ ★

- 艾宾浩斯记忆打卡

日期：_____

+1 ____ ☐   +3 ____ ☐

+6 ____ ☐   +14 ____ ☐

考前____ ☐

- 归纳总结

- 题目

- 正解

- 错因分析

知识点

试题来源

★ ★ ★ ★ ★

- 艾宾浩斯记忆打卡

日期：_____

+1 _____ ☐　+3 _____ ☐

+6 _____ ☐　+14_____ ☐

考前_____ ☐

- 归纳总结

- 题目

- 正解

- 错因分析

知识点

试题来源

★ ★ ★ ★ ★

- 艾宾浩斯记忆打卡

日期：_____

+1 _____ ☐　+3 _____ ☐

+6 _____ ☐　+14_____ ☐

考前_____ ☐

- 归纳总结

- 题目

- 正解

- 错因分析

知识点

试题来源

★ ★ ★ ★ ★

- 艾宾浩斯记忆打卡

日期：_____

+1 _____ ☐　　+3 _____ ☐

+6 _____ ☐　　+14 _____ ☐

考前 _____ ☐

- 归纳总结

- 题目

- 正解

- 错因分析

知识点

试题来源

★ ★ ★ ★ ★

- 艾宾浩斯记忆打卡

日期：_____

+1 _____ ☐　　+3 _____ ☐

+6 _____ ☐　　+14 _____ ☐

考前 _____ ☐

- 归纳总结

- 题目

- 正解

- 错因分析

知识点

试题来源

★ ★ ★ ★ ★

- 艾宾浩斯记忆打卡

日期：_____

+1 ____ ☐   +3 ____ ☐

+6 ____ ☐   +14 ____ ☐

考前____ ☐

- 归纳总结

- 题目

- 正解

- 错因分析

知识点

试题来源

★ ★ ★ ★ ★

- 艾宾浩斯记忆打卡

日期：_____

+1 ____ ☐   +3 ____ ☐

+6 ____ ☐   +14 ____ ☐

考前____ ☐

- 归纳总结

- 题目

- 正解

- 错因分析

知识点

试题来源

★ ★ ★ ★ ★

- 艾宾浩斯记忆打卡

日期: _____

+1 _____ ☐　　+3 _____ ☐

+6 _____ ☐　　+14 _____ ☐

考前_____ ☐

- 归纳总结

- 题目

- 正解

- 错因分析

知识点

试题来源

★ ★ ★ ★ ★

- 艾宾浩斯记忆打卡

日期: _____

+1 _____ ☐　　+3 _____ ☐

+6 _____ ☐　　+14 _____ ☐

考前_____ ☐

- 归纳总结

- 题目

- 正解

- 错因分析

知识点

试题来源

★ ★ ★ ★ ★

- 艾宾浩斯记忆打卡

日期：_____

+1 ____ ☐　+3 ____ ☐

+6 ____ ☐　+14 ____ ☐

考前____ ☐

- 归纳总结

- 题目

- 正解

- 错因分析

知识点

试题来源

★ ★ ★ ★ ★

- 艾宾浩斯记忆打卡

日期：_____

+1 ____ ☐　+3 ____ ☐

+6 ____ ☐　+14 ____ ☐

考前____ ☐

- 归纳总结

- 题目

- 正解

- 错因分析

知识点

试题来源

★ ★ ★ ★ ★

- 艾宾浩斯记忆打卡

日期：_____

+1 _____ ☐ +3 _____ ☐

+6 _____ ☐ +14_____ ☐

考前_____ ☐

- 归纳总结

- 题目

- 正解

- 错因分析

知识点

试题来源

★ ★ ★ ★ ★

- 艾宾浩斯记忆打卡

日期：_____

+1 _____ ☐ +3 _____ ☐

+6 _____ ☐ +14_____ ☐

考前_____ ☐

- 归纳总结

- 题目

- 正解

- 错因分析

知识点

试题来源

★ ★ ★ ★

- 艾宾浩斯记忆打卡

日期: _____

+1 ____ ☐　+3 ____ ☐

+6 ____ ☐　+14 ____ ☐

考前____ ☐

- 归纳总结

- 题目

- 正解

- 错因分析

知识点

试题来源

★ ★ ★ ★

- 艾宾浩斯记忆打卡

日期: _____

+1 ____ ☐　+3 ____ ☐

+6 ____ ☐　+14 ____ ☐

考前____ ☐

- 归纳总结

- 题目

- 正解

- 错因分析

知识点

试题来源

★ ★ ★ ★ ★

- 艾宾浩斯记忆打卡

日期: _____

+1 _____ ☐   +3 _____ ☐

+6 _____ ☐   +14 _____ ☐

考前 _____ ☐

- 归纳总结

- 题目

- 正解

- 错因分析

知识点

试题来源

★ ★ ★ ★ ★

- 艾宾浩斯记忆打卡

日期: _____

+1 _____ ☐   +3 _____ ☐

+6 _____ ☐   +14 _____ ☐

考前 _____ ☐

- 归纳总结

- 题目

- 正解

- 错因分析

知识点

试题来源

★ ★ ★ ★ ★

- 艾宾浩斯记忆打卡

日期: _____

+1 _____ ☐ +3 _____ ☐

+6 _____ ☐ +14 _____ ☐

考前_____ ☐

- 归纳总结

- 题目

- 正解

- 错因分析

知识点

试题来源

★ ★ ★ ★ ★

- 艾宾浩斯记忆打卡

日期: _____

+1 _____ ☐ +3 _____ ☐

+6 _____ ☐ +14 _____ ☐

考前_____ ☐

- 归纳总结

- 题目

- 正解

- 错因分析

知识点

试题来源

★ ★ ★ ★ ★

- 艾宾浩斯记忆打卡

日期：_____

+1 ____ ☐   +3 ____ ☐

+6 ____ ☐   +14____ ☐

考前____ ☐

- 归纳总结

- 题目

- 正解

- 错因分析

知识点

试题来源

★ ★ ★ ★ ★

- 艾宾浩斯记忆打卡

日期：_____

+1 ____ ☐   +3 ____ ☐

+6 ____ ☐   +14____ ☐

考前____ ☐

- 归纳总结

- 题目

- 正解

- 错因分析

知识点

试题来源 ★ ★ ★ ★

- 艾宾浩斯记忆打卡

日期：_____

+1 ____ ☐　+3 ____ ☐

+6 ____ ☐　+14___ ☐

考前____ ☐

- 归纳总结

- 题目

- 正解

- 错因分析

知识点

试题来源 ★ ★ ★ ★

- 艾宾浩斯记忆打卡

日期：_____

+1 ____ ☐　+3 ____ ☐

+6 ____ ☐　+14 ____ ☐

考前____ ☐

- 归纳总结

- 题目

- 正解

- 错因分析

知识点

试题来源

★ ★ ★ ★ ★

- 艾宾浩斯记忆打卡

日期: _____

+1 _____ ☐　　+3 _____ ☐

+6 _____ ☐　　+14 _____ ☐

考前 _____ ☐

- 归纳总结

- 题目

- 正解

- 错因分析

知识点

试题来源

★ ★ ★ ★ ★

- 艾宾浩斯记忆打卡

日期: _____

+1 _____ ☐　　+3 _____ ☐

+6 _____ ☐　　+14 _____ ☐

考前 _____ ☐

- 归纳总结

- 题目

- 正解

- 错因分析

知识点

试题来源

★ ★ ★ ★ ★

- 艾宾浩斯记忆打卡

日期：_____

+1 ____ ☐ +3 ____ ☐

+6 ____ ☐ +14____ ☐

考前____ ☐

- 归纳总结

- 题目

- 正解

- 错因分析

知识点

试题来源

★ ★ ★ ★ ★

- 艾宾浩斯记忆打卡

日期：_____

+1 ____ ☐ +3 ____ ☐

+6 ____ ☐ +14____ ☐

考前____ ☐

- 归纳总结

- 题目

- 正解

- 错因分析

知识点

★ ★ ★ ★ ★

- 艾宾浩斯记忆打卡

日期：_____

+1 _____ ☐   +3 _____ ☐

+6 _____ ☐   +14 _____ ☐

考前 _____ ☐

- 归纳总结

- 题目

- 正解

- 错因分析

知识点

★ ★ ★ ★ ★

- 艾宾浩斯记忆打卡

日期：_____

+1 _____ ☐   +3 _____ ☐

+6 _____ ☐   +14 _____ ☐

考前 _____ ☐

- 归纳总结

- 题目

- 正解

- 错因分析

知识点

试题来源

★ ★ ★ ★ ★

- 艾宾浩斯记忆打卡

日期：＿＿＿＿＿

+1 ＿＿＿ ☐　+3 ＿＿＿ ☐

+6 ＿＿＿ ☐　+14 ＿＿＿ ☐

考前＿＿＿ ☐

- 归纳总结

- 题目

- 正解

- 错因分析

知识点

试题来源

★ ★ ★ ★ ★

- 艾宾浩斯记忆打卡

日期：＿＿＿＿＿

+1 ＿＿＿ ☐　+3 ＿＿＿ ☐

+6 ＿＿＿ ☐　+14 ＿＿＿ ☐

考前＿＿＿ ☐

- 归纳总结

- 题目

- 正解

- 错因分析

知识点

试题来源

★ ★ ★ ★ ★

- 艾宾浩斯记忆打卡

日期：_____

+1 _____ ☐　　+3 _____ ☐

+6 _____ ☐　　+14 _____ ☐

考前 _____ ☐

- 归纳总结

- 题目

- 正解

- 错因分析

知识点

试题来源

★ ★ ★ ★ ★

- 艾宾浩斯记忆打卡

日期：_____

+1 _____ ☐　　+3 _____ ☐

+6 _____ ☐　　+14 _____ ☐

考前 _____ ☐

- 归纳总结

- 题目

- 正解

- 错因分析

知识点

试题来源

★ ★ ★ ★ ★

- 艾宾浩斯记忆打卡

日期：_____

+1 ____ ☐   +3 ____ ☐

+6 ____ ☐   +14 ____ ☐

考前____ ☐

- 归纳总结

- 题目

- 正解

- 错因分析

知识点

试题来源

★ ★ ★ ★ ★

- 艾宾浩斯记忆打卡

日期：_____

+1 ____ ☐   +3 ____ ☐

+6 ____ ☐   +14 ____ ☐

考前____ ☐

- 归纳总结

- 题目

- 正解

- 错因分析

知识点

试题来源

★ ★ ★ ★ ★

- 艾宾浩斯记忆打卡

日期：_____

+1 _____ ☐ +3 _____ ☐

+6 _____ ☐ +14 _____ ☐

考前_____ ☐

- 归纳总结

- 题目

- 正解

- 错因分析

知识点

试题来源

★ ★ ★ ★ ★

- 艾宾浩斯记忆打卡

日期：_____

+1 _____ ☐ +3 _____ ☐

+6 _____ ☐ +14 _____ ☐

考前_____ ☐

- 归纳总结

- 题目

- 正解

- 错因分析

知识点

试题来源

★ ★ ★ ★ ★

- 艾宾浩斯记忆打卡

日期：＿＿＿＿＿＿
+1 ＿＿＿ ☐   +3 ＿＿＿ ☐
+6 ＿＿＿ ☐   +14＿＿＿ ☐
考前＿＿＿ ☐

- 归纳总结

- 题目

- 正解

- 错因分析

知识点

试题来源

★ ★ ★ ★ ★

- 艾宾浩斯记忆打卡

日期：＿＿＿＿＿＿
+1 ＿＿＿ ☐   +3 ＿＿＿ ☐
+6 ＿＿＿ ☐   +14＿＿＿ ☐
考前＿＿＿ ☐

- 归纳总结

- 题目

- 正解

- 错因分析

知识点

试题来源

★ ★ ★ ★ ★

- 艾宾浩斯记忆打卡

日期：_____

+1 _____ ☐　+3 _____ ☐

+6 _____ ☐　+14 _____ ☐

考前 _____ ☐

- 归纳总结

- 题目

- 正解

- 错因分析

知识点

试题来源

★ ★ ★ ★ ★

- 艾宾浩斯记忆打卡

日期：_____

+1 _____ ☐　+3 _____ ☐

+6 _____ ☐　+14 _____ ☐

考前 _____ ☐

- 归纳总结

- 题目

- 正解

- 错因分析

知识点

试题来源

★ ★ ★ ★ ★

- 艾宾浩斯记忆打卡

日期：_____

+1 ____ ☐ +3 ____ ☐

+6 ____ ☐ +14____ ☐

考前____ ☐

- 归纳总结

- 题目

- 正解

- 错因分析

知识点

试题来源

★ ★ ★ ★ ★

- 艾宾浩斯记忆打卡

日期：_____

+1 ____ ☐ +3 ____ ☐

+6 ____ ☐ +14____ ☐

考前____ ☐

- 归纳总结

- 题目

- 正解

- 错因分析

知识点

试题来源

★ ★ ★ ★ ★

- 艾宾浩斯记忆打卡

日期：_____

+1 _____ ☐　+3 _____ ☐

+6 _____ ☐　+14_____ ☐

考前_____ ☐

- 归纳总结

- 题目

- 正解

- 错因分析

知识点

试题来源

★ ★ ★ ★ ★

- 艾宾浩斯记忆打卡

日期：_____

+1 _____ ☐　+3 _____ ☐

+6 _____ ☐　+14_____ ☐

考前_____ ☐

- 归纳总结

- 题目

- 正解

- 错因分析

知识点

试题来源

★ ★ ★ ★ ★

- 艾宾浩斯记忆打卡

日期：_____

+1 _____ ☐ +3 _____ ☐

+6 _____ ☐ +14 _____ ☐

考前_____ ☐

- 归纳总结

- 题目

- 正解

- 错因分析

知识点

试题来源

★ ★ ★ ★ ★

- 艾宾浩斯记忆打卡

日期：_____

+1 _____ ☐ +3 _____ ☐

+6 _____ ☐ +14 _____ ☐

考前_____ ☐

- 归纳总结

- 题目

- 正解

- 错因分析

知识点

试题来源

★ ★ ★ ★ ★

- 艾宾浩斯记忆打卡

日期: _____

+1 _____ ☐　　+3 _____ ☐

+6 _____ ☐　　+14 _____ ☐

考前_____ ☐

- 归纳总结

- 题目

- 正解

- 错因分析

知识点

试题来源

★ ★ ★ ★ ★

- 艾宾浩斯记忆打卡

日期: _____

+1 _____ ☐　　+3 _____ ☐

+6 _____ ☐　　+14 _____ ☐

考前_____ ☐

- 归纳总结

- 题目

- 正解

- 错因分析

知识点

试题来源 ★ ★ ★ ★ ★

- 艾宾浩斯记忆打卡

日期: _____

+1 _____ ☐ +3 _____ ☐
+6 _____ ☐ +14 _____ ☐
考前_____ ☐

- 归纳总结

- 题目

- 正解

- 错因分析

知识点

试题来源 ★ ★ ★ ★ ★

- 艾宾浩斯记忆打卡

日期: _____

+1 _____ ☐ +3 _____ ☐
+6 _____ ☐ +14 _____ ☐
考前_____ ☐

- 归纳总结

- 题目

- 正解

- 错因分析

知识点

试题来源

★ ★ ★ ★ ★

- 艾宾浩斯记忆打卡

日期：_____

+1 ____ ☐　+3 ____ ☐

+6 ____ ☐　+14 ____ ☐

考前____ ☐

- 归纳总结

- 题目

- 正解

- 错因分析

知识点

试题来源

★ ★ ★ ★ ★

- 艾宾浩斯记忆打卡

日期：_____

+1 ____ ☐　+3 ____ ☐

+6 ____ ☐　+14 ____ ☐

考前____ ☐

- 归纳总结

- 题目

- 正解

- 错因分析

知识点

试题来源

★ ★ ★ ★ ★

- 艾宾浩斯记忆打卡

日期：_____

+1 _____ ☐ +3 _____ ☐

+6 _____ ☐ +14 _____ ☐

考前_____ ☐

- 归纳总结

- 题目.

- 正解

- 错因分析

知识点

试题来源

★ ★ ★ ★ ★

- 艾宾浩斯记忆打卡

日期：_____

+1 _____ ☐ +3 _____ ☐

+6 _____ ☐ +14 _____ ☐

考前_____ ☐

- 归纳总结

- 题目

- 正解

- 错因分析

知识点

试题来源

★ ★ ★ ★ ★

- 艾宾浩斯记忆打卡

日期：_____

+1 ____ ☐   +3 ____ ☐

+6 ____ ☐   +14 ____ ☐

考前____ ☐

- 归纳总结

- 题目

- 正解

- 错因分析

知识点

试题来源

★ ★ ★ ★ ★

- 艾宾浩斯记忆打卡

日期：_____

+1 ____ ☐   +3 ____ ☐

+6 ____ ☐   +14 ____ ☐

考前____ ☐

- 归纳总结

- 题目

- 正解

- 错因分析

知识点

试题来源

★ ★ ★ ★ ★

- 艾宾浩斯记忆打卡

日期：_____

+1 ____ ☐　+3 ____ ☐

+6 ____ ☐　+14____ ☐

考前____ ☐

- 归纳总结

- 题目

- 正解

- 错因分析

知识点

试题来源

★ ★ ★ ★ ★

- 艾宾浩斯记忆打卡

日期：_____

+1 ____ ☐　+3 ____ ☐

+6 ____ ☐　+14____ ☐

考前____ ☐

- 归纳总结

- 题目

- 正解

- 错因分析

知识点

试题来源

★ ★ ★ ★ ★

- 艾宾浩斯记忆打卡

日期：_____

+1 _____ ☐   +3 _____ ☐

+6 _____ ☐   +14 _____ ☐

考前_____ ☐

- 归纳总结

- 题目

- 正解

- 错因分析

知识点

试题来源

★ ★ ★ ★ ★

- 艾宾浩斯记忆打卡

日期：_____

+1 _____ ☐   +3 _____ ☐

+6 _____ ☐   +14 _____ ☐

考前_____ ☐

- 归纳总结

- 题目

- 正解

- 错因分析

知识点

试题来源

★ ★ ★ ★ ★

- 艾宾浩斯记忆打卡

日期：_____

+1 _____ ☐   +3 _____ ☐

+6 _____ ☐   +14 _____ ☐

考前_____ ☐

- 归纳总结

- 题目

- 正解

- 错因分析

知识点

试题来源

★ ★ ★ ★ ★

- 艾宾浩斯记忆打卡

日期：_____

+1 _____ ☐   +3 _____ ☐

+6 _____ ☐   +14 _____ ☐

考前_____ ☐

- 归纳总结

- 题目

- 正解

- 错因分析

知识点

试题来源

★ ★ ★ ★ ★

- 艾宾浩斯记忆打卡

日期：_____

+1 _____ ☐　　+3 _____ ☐

+6 _____ ☐　　+14_____ ☐

考前_____ ☐

- 归纳总结

- 题目

- 正解

- 错因分析

知识点

试题来源

★ ★ ★ ★ ★

- 艾宾浩斯记忆打卡

日期：_____

+1 _____ ☐　　+3 _____ ☐

+6 _____ ☐　　+14_____ ☐

考前_____ ☐

- 归纳总结

- 题目

- 正解

- 错因分析